Vollmund

JUSTUS HAUSCHILD

Vollmund

Alles über unser vielseitigstes Organ

Die Ratschläge in diesem Buch sind vom Autor sorgfältig erwogen und geprüft worden. Sie bieten jedoch keinen Ersatz für kompetenten medizinischen oder zahnmedizinischen Rat. Alle Angaben in diesem Buch erfolgen daher ohne jegliche Gewährleistung oder Garantie seitens des Autors. Eine Haftung des Autors für Personen-, Sach- und Vermögensschäden ist ebenfalls ausgeschlossen.

Bibliografische Information der Deutschen Nationalbibliothek:
Die Deutsche Nationalbibliothek verzeichnet diese Publikation in der Deutschen Nationalbibliografie; detaillierte bibliografische Daten sind im Internet über http://dnb.dnb.de abrufbar.

© 2019 Justus Hauschild
Illustrationen: Nadja Storz
Grafik: dimpank/Shutterstock.com /ALDECAstudio/fotolia.com
Satz, Umschlaggestaltung, Herstellung und Verlag:
BoD – Books on Demand, Norderstedt

ISBN: 978-3-7494-7260-4

**Wes das Herz voll ist,
des geht der Mund über.**

(Mt. 12,34)

Inhalt

Vorwort

Von Prof. Dr. Jens Christoph Türp,
Universitäres Zentrum für Zahnmedizin Basel

Zwar gilt der Mensch als das einzige zahntragende Lebewesen, das auch ohne Zähne überlebt, aber besser ist es durchaus, seine eigenen Zähne lange zu behalten. Am besten das ganze Leben lang. Denn auch das beste Implantat vermag den eigenen Zahn nicht vollständig zu ersetzen.

Wozu benötigt man eigentlich Zähne? Zweifelsohne zum Abbeißen und Zermahlen von Nahrung. Aber wozu noch?
Nun, für eine Vielzahl anderer Aufgaben.
Hier ist eine Auswahl:
- Zur Gewährleistung einer korrekten Aussprache: Bestimmte Laute (die sogenannten dentalen Frikative: ð, Θ) können ohne Zähne nicht gebildet werden.
- Als Tastorgan – über Mechanorezeptoren im Zahnhalteapparat.
- Als »dritte Hand«: Weil die beiden »echten« Hände gerade mit anderen Dingen beschäftigt sind, klemmt man kurzerhand Gegenstände (Handschuhe, Nägel, Zettel, …) zwischen die Frontzähne.
- Als Waffe. Erinnern Sie sich noch an Evander Holyfields abgebissenes Stück Ohr? Es war das Werk der scharfen Zähne Mike Tysons, damals, 1997, in Las Vegas.
- Als Stressventil – beim Kieferpressen und Zähneknirschen. Falls dies auch Sie betrifft, sollten Sie im Schlaf eine Schiene tragen, am besten eine Michigan-Schiene.
- Natürlich als Warninstrument: Schmerz! »Die Backe schwillt. Die Träne quillt. Ein Tuch umrahmt das Jammerbild.« (Wilhelm Busch, 1883)

»Während die Schleimhaut der Mundhöhle im Vergleich zu anderen Körperregionen eine deutlich herabgesetzte Empfindlichkeit besitzt, ist der Zahn ein sehr schmerzempfindliches Organ. Gleichgültig, ob es sich um physikalische (mechanische, thermische, elektrische) oder chemische Reize handelt, ist die Antwort immer ein eher heftiges Schmerzgefühl, und stets reagiert der ganze Zahn.«
(Pritz und Stockinger 1971)

- Zur Verminderung des Demenzrisikos – und dies sind recht neue Erkenntnisse: Bei erheblichem Zahnverlust ist die kognitive Leistungsfähigkeit tendenziell erniedrigt, und das Demenzrisiko ist erhöht.
- Für ein ästhetisch ansprechendes Äußeres. Es ist, wie es ist: Deutlich sichtbare Lücken aufgrund eines oder mehrerer fehlender Zähne, auffallend schief stehende oder verfärbte Zähne gehen mit Nachteilen in der sozialen Interaktion einher.

Ach ja, die Ästhetik und Zähne. Da sind wir bei einem ziemlich aktuellen Thema. Der in der Kirchlichen Hochschule Wuppertal/Bethel lehrende Theologe Professor Dr. Martin Karrer hat sich intensiv mit der soziokulturellen Rolle der Zähne beschäftigt. Er berichtet von einem interessanten historischen Wandel, was die Zurschaustellung von Zähnen angeht:

»Die Darstellung des Gesichtes und namentlich der Mundpartie mit den Zähnen unterliegt in der Vor- und Frühgeschichte der Menschheit Bedenken, die sich nicht medizinisch erklären lassen. Die Kunst bekundet vielmehr, abstrahiert von medizinischen und biologischen Befunden, eine kulturelle Scheu vor dem sich zu den Zähnen öffnenden Mund.«
(Karrer 2008a)

»Während frühere Generationen ihre Zähne verbargen, präsentieren heute fast alle Menschen unserer westeuro-

päischen (und der nordamerikanischen) Gesellschaft ihre Zähne beim Sprechen, Lächeln, auf Fotos und neuerdings sogar manchmal auf gemalten Porträts (auf Porträts ist das Beharrungsvermögen der alten Leitkultur am stärksten, dominiert der geschlossene Mund daher bis heute noch am ehesten).«
(Karrer 2005)

Aber es gibt noch einen anderen Bereich, in dem man seit jeher den Mund lieber geschlossen hält:

»Eine andere Reminiszenz erhielt sich unauffällig, doch markant. Typisch für das kulturelle Gedächtnis, stoßen wir auf sie in einer weit verbreiteten Sitte: Bis heute gilt es als geboten, den Mund beim Essen zu schließen. Kein Mahlteilnehmer soll sehen, wie die Zähne die Speisen des Mahles zermahlen und Fleisch zerreißen. Der Brauch scheint selbstverständlich und keiner Legitimation zu bedürfen; gespeist aus dem Unterbewussten, hält er die vornehme Tradition des Altertums aufrecht.«
(Karrer 2008b)

Die Zähne selbst sind ein wahres Wunderwerk der Natur, ein Wunderwerk, das sich bis zu einem gewissen Grad sogar in Zahlen fassen lässt. Der Mainzer Professor Dr. Dr. Werner Ketterl hat einmal vorgerechnet: Das menschliche Erwachsenengebiss besitzt 200 Millionen Odontoblasten. Die Odontoblasten kleiden den Hohlraum (die Pulpa) innerhalb eines jeden Zahnes wie eine Tapete aus und bilden das Zahnbein (Dentin), das den Hauptteil der Zähne ausmacht. Mit ihren Ausläufern, den Odontoblastenfortsätzen, ragen sie von der Pulpa ausgehend in mikrokleinen Kanälchen in das Dentin hinein. Ein vollständig bezahntes Erwachsenengebiss enthält sage und schreibe 170 Millionen solcher Dentinkanälchen. Würde man sie alle hintereinander anordnen, so käme man auf eine Gesamtstrecke von rund 320 km!

Die Zähne selbst sind nicht fest im Kieferknochen verankert, wie dies bei einem dentalen Implantat der Fall ist. Vielmehr sind die Zähne mit ihren Wurzeln in einem Zahnfach des Kieferknochen aufgehängt – und daher immer leicht beweglich. In etwa vergleichbar mit einer Hängematte. Die Zahnwurzeln sind von einer dünnen Zementschicht überdeckt. Zwischen dieser Zementschicht und der Außenwand des knöchernen Zahnfachs erstrecken sich bindegewebige Faserbündel, an denen der Zahn aufgehängt ist. An einem Quadratmillimeter Zementoberfläche haften durchschnittlich 28.000 Faserbündel an. Rund 250 Millionen sind es in einem intakten Gebiss. Die Fasern sind rund vier Tausendstel Millimeter dünn und durchschnittlich 0,2 mm lang. Wenn man alle Zähne eines Erwachsenengebisses zusammennimmt, ergibt sich eine Fasergesamtlänge von über 50 km. Unvorstellbar!

Die Zahnbögen des Ober- und Unterkiefers werden umgeben von Lippen, Wangen, Zunge, Mundboden, Gaumen. All diese Strukturen sind mit Mundschleimhaut bedeckt. Den Lippen kommt eine ganz besondere Bedeutung zu. Neben ihrer kosmetischen und erotischen Funktion bilden sie den Eingang in das Reich der Mundhöhle. Kauen, schlucken, schmecken, gähnen, schnarchen – all dies und noch viel mehr spielt sich in der Mundhöhle und ihren angrenzenden Regionen ab. Die Mundhöhle bietet eine Heimstätte für unzählige Bakterien – zigmal mehr, als Menschen auf der Erde leben! Kaumuskeln und Kiefergelenke schließlich erlauben Bewegungen des Unterkiefers, die die vielfältigen Aufgaben der Zähne und ihrer umgebenden Strukturen erst ermöglichen.

Die Mundhöhle hat aber noch eine ganz andere Bedeutung, nämlich eine psychologische. Diese bedeutende Funktion beginnt schon vom ersten Atemzug an. Der Kieferorthopäde Professor Dr. Wilhelm Balters bemerkte dazu im Jahre 1964:

»Der Mund ist ein Sinnesorgan. Der Mund ist der erste und

bleibende Erlebnisraum. Er ist zugleich das Urerfolgsorgan. Der Mund ist nicht nur für die Speisen da. Im Munde entscheidet sich über den Geschmack unser Verhältnis zur Außenwelt und zur Mitwelt, zu den Dingen überhaupt. Hier entscheidet sich, was Annahme und Ablehnung erfuhr.«

Priv.-Doz. Dr. Joachim Finke, ehemaliger Oberarzt der Universitäts-Nervenklinik, Eberhard Karls Universität Tübingen, ergänzt:

»Beim Säugling ist der Mund das Kontaktorgan schlechthin. Ein bestimmtes psychisches Entwicklungsstadium des Menschen wird von tiefenpsychologischer Seite geradezu als ›orale Phase‹ bezeichnet.«

Aber es ist nicht alles Gold, was glänzt. Plaque, Zahnstein, Karies, Gingivitis, Parodontitis gar – Gefahr droht allerorten für Zähne, Zahnfleisch und Zahnhalteapparat. Der Speichel mit seinen schützenden Funktionen kann nicht alles richten. Daher kommt der Durchführung einer wirksamen Mundhygiene eine ausschlaggebende Bedeutung zu. Heute weiß man, dass mangelhafte Mundhygiene, Parodontitis (Entzündung des Zahnhalteapparats) und starker Zahnverlust in enger Beziehung zu mundhöhlenfernen chronischen Krankheiten stehen, wie chronischen Atemwegserkrankungen, Herz-Kreislauf-Krankheiten, Diabetes mellitus, kognitive Störungen und bösartige Tumoren.

Angesichts dieser Zusammenhänge aber wird die Zahnmedizin ein integraler Teil der Medizin. Für die Zahnärzte ergibt sich dadurch ein gesamtmedizinischer Auftrag. Prof. Dr. Hans Moral und Dr. Günther Sponer von der Klinik und Poliklinik für Mund- und Zahnkrankheiten der Universität Rostock hatten das Problem bereits im Jahre 1924 erkannt:

»Es ist eine langbekannte Tatsache, daß verschiedene als ›Allgemeinleiden‹ bezeichnete Erkrankungen in der Mundhöhle Veränderungen hervorrufen, – und hier oft früher als an anderen Stellen des Körpers – an denen sie erkannt werden können. So kommt denn der Zahnarzt, der ja so oft wie kein anderer am Menschen arbeitende Fachmann Gelegenheit hat, die Mundhöhle zu untersuchen, nicht so ganz selten dazu, derartige Veränderungen zu finden, und somit bietet sich ihm die Gelegenheit, solche Erkrankungen als erster zu sehen und weitere, unter Umständen schwere Schädigungen des Kranken zu verhindern.«

Dies wiederum hat zur Folge, dass der Begriff »Zahnarzt« im Grund zu kurz greift. Dies wird ebenfalls seit langer Zeit moniert:

»Gerade die vielfachen Beziehungen der Zahn- und Mundkrankheiten zu den anderen Erkrankungen des Menschen, die durch den Studienplan der modernen Zahnheilkunde eindringlich zu lehren und zum Wohle der Patienten auszunutzen sind, plaidiren für die treffendere Berufsbezeichnung Mundarzt.«
(Glogau 1923)

All diese Aspekte so aufzubereiten, dass sie nicht nur für Fachpersonen, sondern für jedermann einerseits gut verständlich und andererseits informativ und amüsant sind, ist dem Autor des vorliegenden Buchs, Dr. Justus Hauschild, in vortrefflicher Weise gelungen. Gewürzt mit praktischen Hinweisen und Tipps, kleinen Anekdoten und knallharten Fakten ist dieses Werk geeignet, den Lesern profunde Kenntnisse über die Mundhöhle und ihre Bestandteile und Funktionen zu vermitteln. Ein solches Buch war längst überfällig! Daher wünsche ich eine anregende und gewinnbringende Lektüre. Denn vergessen Sie nie: »Ihr eigener Zahn ist der einzig wahre Zahn!«

Warum gibt es eigentlich keinen Mundarzt?

Um das Herz kümmert sich der Kardiologe, um die Lunge der Pneumologe. Die Haut betreut der Dermatologe, den Enddarm der Proktologe. Für Gelenke sind die Orthopäden zuständig, das Gehirn beackern Neurologen oder Psychologen bzw. Psychiater.

Aber wer ist der Arzt für den Mund?

Der Hals-Nasen-Ohren-Arzt liegt mit seiner Zuständigkeit dafür knapp daneben (rein topografisch natürlich). Und der Zahnarzt schaut ja immer »nur« nach Zähnen und Zahnfleisch.

Wer hilft mir mit meiner Mundtrockenheit, wie bekomme ich vollere Lippen und wer kann mir die merkwürdige Oberfläche meiner Zunge erklären?

Wenn man im Branchenbuch oder Internet nach zuständigen Ärzten sucht, findet sich unter »Mund« wahrscheinlich ziemlich wenig. Mit etwas Nachdenken oder der guten alten Finger-auf-und-ab-Recherche dürfte man sehr bald auf einen Oral-Chirurgen treffen. Immerhin. Aber Chirurg? »Ich wollte mich doch nicht gleich operieren lassen – und Chirurgen wollen doch schließlich immer nur Blut, unglücklicherweise dann wohl mein Blut sehen.« Gute Spur, aber Nö.

Oral? Das kommt von lateinisch *os* = der Mund. Die alten Griechen nannten diesen *stoma* – und da dämmert es dann doch ein wenig und es erscheint ein etwas verblichenes Bild vor unserem geistigen Auge: der Stomatologe! Wer oder was war denn noch gleich der Stomatologe?

So hießen in der ehemaligen DDR die – Zahnärzte!

Seit der Wiedervereinigung Deutschlands ist diese Gebietsbezeichnung vielleicht auch deswegen untergegangen, weil ein Wort, das gleich dreimal den Vokal »O« enthält, für Sachsen möglicherweise noch ganz witzig klingen mag, den Rest der neuen bundesrepublikanischen Gesamtbevölkerung aber zu sehr an Erichs Arbeiter-und Bauernparadies erinnerte. So wurden dann aus allen ostdeutschen Stomatologen auf einen Wupps Zahnärzte. Eigentlich schade.

In vielen europäischen Ländern, wie unter anderen in Polen, Frankreich oder Kroatien, ist diese Berufsbezeichnung aber völlig üblich; und wenn man mal einen Blick auf deutsche Fakultäten richtet, in denen Zahnmediziner ausgebildet werden, dann liest man dort regelmäßig: »Klinik für Zahn-, Mund-und Kieferkrankheiten«. Also geht es doch schon etwas mehr als nur um Zähne.

Somit ist Ihre Zahnärztin respektive Ihr Zahnarzt eigentlich auch Mundärztin beziehungsweise Mundarzt. Das klingt ungewöhnlich. Ist aber so. Beziehungsweise sollte eigentlich so sein!

Dennoch darf sich kein Zahnarzt einfach so als Mundarzt bezeichnen.
 Die Berufsbezeichnung »Arzt« setzt nämlich ein erfolgreich absolviertes Studium der Humanmedizin voraus. Ein Zahnarzt beziehungsweise eine Zahnärztin hat aber Zahnmedizin studiert. Das ist etwas anderes, etwas weniger human. Aber Spaß beiseite, denn juristisch betrachtet ist ein Zahnarzt eben kein Arzt. Auch kein Mund-Arzt.

Vor gut 250 Jahren, lange noch bevor es Zahnärzte gab, existierten offenbar schon Mundärzte. In seiner »Oeconomischen Encyclopädie« beschrieb 1779 *Johann Georg Krünitz* den Mundarzt als » *... an einigen Höfen, ein Arzt, welcher die medicinische Besorgung der Zähne der Herrschaft auf sich hat, und am kaiser-*

lichen Hofe zu Wien der Kammer-, Zahn- und Mundarzt heißt, wo er von dem Zahn-Chirurgo noch verschieden ist.«

150 Jahre später befand der »Erfinder« des Zahnhalteapparates (siehe Kapitel 8), der Arzt und Zahnarzt *Oskar Weski (1879 – 1952)*, »*dass dem heutigen Zahnarzt dieser Name eigentlich nicht mehr zustehe [...], sondern heute sei der Zahnarzt dank seiner tieferen Ausbildung eben der Mundarzt, der den Zahn nur mehr im Rahmen des Gesamtorganismus und im festen Zusammenhange mit ihm ansehen dürfe.*«

Wir können davon ausgehen, das Weski die Arbeiten des Amerikaners *Willoughby Dayton Miller (1853 – 1907)* gelesen hatte, der rund 50 Jahre zuvor zeitweilig gemeinsam mit *Robert Koch (1843 – 1910)* am zahnärztlichen Institut der Berliner *Charité* die Rolle der oralen Mikroorganismen erforschte. Millers Manifest »*Die Mikroorganismen der Mundhöhle – Die örtlichen und allgemeinen Erkrankungen, welche durch dieselben hervorgerufen werden*« von 1889 begründet den Anspruch der Zahnmedizin, Teil der Medizin zu sein, im Grunde bis heute.

Daher ist natürlich auch in meinem Buch der Mikrobiologie des Mundes ein eigenes Kapitel gewidmet.

Dass die moderne Zahnmedizin mittlerweile weit, weit mehr leisten kann als das im vergangenen Jahrhundert in den USA den um die wissenschaftliche Anerkennung als seriöses Fachgebiet bemühten Zahnmedizinern entgegen gehöhnte »drill, fill, bill« (frei übersetzt: bohren, füllen, abkassieren), scheint leider heutzutage in unserer Gesellschaft noch nicht wirklich endgültig angekommen zu sein.

Zahnmedizin anno 2019 beinhaltet mehr »medizinisches« als Sie vielleicht wussten: Nehmen wir als Beispiel einmal die eingangs aufgezählten Fachrichtungen. Hier haben Zahn-, Mund-und Kieferkrankheiten wichtige und gelegentlich sogar direkte Bezüge:

- Die entzündliche Erkrankung des Zahnhalteapparats beispielsweise, die Parodontitis, gilt nicht nur als erheblicher

Co-Faktor für die Entwicklung von Herz-und Gefäßerkrankungen und Infarktverursacher, sondern zeichnet auch als Risikofaktor für Lungenentzündungen bei Pflegebedürftigen, also z. B. Intensiv- oder Heimpatienten verantwortlich.

- Einige dermatologischen Erkrankungen wie Herpesinfektionen, Syphilis und sogar Krebsformen wie das Melanom sind gelegentlich auch oder wirklich zuerst in der Mundhöhle zu erkennen.
- Die Mundhöhle ist als Beginn des Verdauungstraktes logischerweise untrennbar mit seinem Ende verbunden: was unten heraus kommt, musste irgendwann zuvor oben hinein gesteckt oder gegossen worden sein. Die Ernährung respektive die Aufnahme und Zerkleinerung der Nahrung ist Mundsache.
- Die meisten Orthopäden kennen sich bestens mit Schulter, Knien und Hüften aus, verweisen aber beim Kiefergelenk gerne auf den Zahnarzt. Und wozu? Zu Recht!
- Und selbst Neurologen und Psychiater sind oft auf die konsiliarische Hilfe der »Stomatologen« angewiesen, nicht nur, wenn sich ein »atypische Gesichtsschmerz« als entzündeter Zahnnerv oder eine vermeintliche »Trigeminus-Neuralgie« als Zahnfraktur oder Prothesendruckstelle entpuppt. Sondern auch Stress und Sorgen der Patienten, die beim Psychiater auf der Couch liegen, werden oft durch intensives Knirschen der Zähne abzuleiten versucht.
- Mit den HNO-Kollegen teilen wir uns die Kieferhöhle, die hintere Mundhöhle, die Speicheldrüsen und ganz sicher auch das Ohr, wenn dieses durch Kiefergelenksbeschwerden in Mitleidenschaft gezogen ist.

Man könnte hier noch etliche andere Schnittmengen mit Internisten, Pädiatern, sogar Gynäkologen oder anderen ärztlichen Fachrichtungen beschreiben, aber ich bin mir sicher, dass Sie mich verstanden haben:

Der Zahnarzt ist für den gesamten Mund zuständig und

nicht nur für Ihre Beißerchen. Er ist per se ganzheitlich unterwegs. Oder sollte es wenigstens sein.

Gesund beginnt im Mund!

Seien Sie daher herzlich willkommen zu einer Expedition durch die Mundhöhle. Entdecken Sie mit mir vielleicht vertrautes, aber dennoch unbekanntes Terrain und staunen Sie über die Vielseitigkeit und Faszination unseres Zentralorgans. Mit unterhaltsamen und informativen Fakten und Geschichten über den vollen Mund werden wir an einigen Stationen unserer Tour halt machen. Die eine oder andere Höhlenmalerei illustriert mit einem Augenzwinkern anatomische oder physiologische Sachverhalte.

In der ersten Abbildung können wir einen Blick auf die Navigation werfen und dann geht's auch schon los! Folgen Sie mir bitte auf unserer Vollmund-Expedition!

Abb. 1

Vollmund

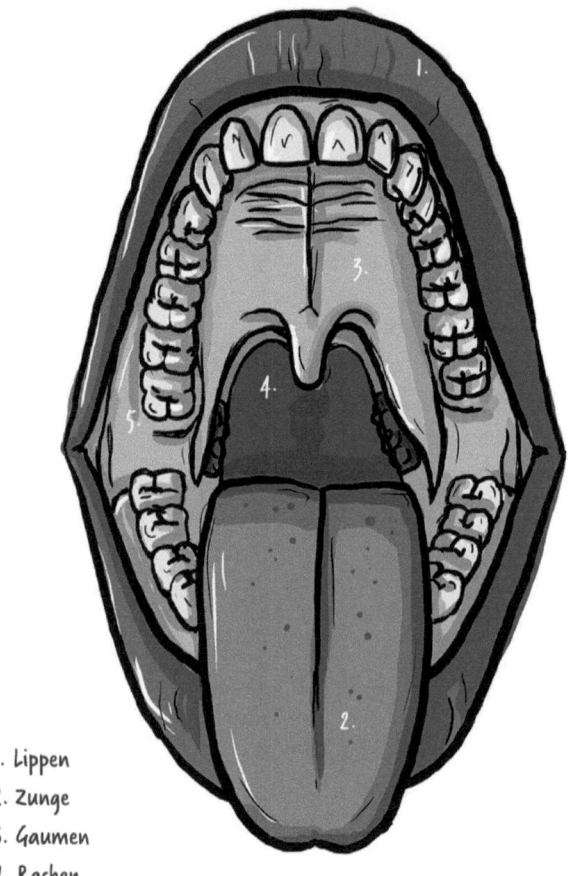

1. Lippen
2. Zunge
3. Gaumen
4. Rachen
5. Zähne

1 Lippenerkenntnisse

Mit den Lippen ist es ein bisschen so wie mit dem großen Bühnenvorhang im Theater oder Kino. Sie sind schön rot, gehen auf und zu, und sie verbergen etwas Verheißungsvolles. In unserem Falle wartet hinter dem Vorhang auf der Bühne ein spannendes Ökosystem mit ein paar bekannten Hauptakteuren wie Zunge oder Zähnen sowie einigen Überraschungsgästen und natürlich jede Menge guter Unterhaltung.

Aber zurück zu den Lippen, die ja nicht nur auf unserer Mundhöhlenexpedition gewissermaßen den Einstieg darstellen, sondern auch bei der ärztlich oder zahnärztlich geäußerten Bitte »Mund weit auf« möglicherweise schneller übergangen werden als sie es verdient hätten.

Was Lippen können

Die Lippen spielen für die Menschen eine nicht unbedeutende physiologische und soziale Rolle: Sie dienen der Nahrungsaufnahme, formen Laute und Worte, sie tragen unsere Emotionen nach außen und wieder andere Emotionen nach innen, zum Beispiel beim Küssen: unsere Lippen gelten aufgrund der hohen Nervdichte und der Koppelung an das sogenannte limbische System (das ist die Funktionseinheit unseres Gehirns, die der Verarbeitung von Emotionen und der Entstehung von Triebverhalten dient) als erogene Zone.

Entsprechend viel Aufmerksamkeit wird den Lippen von den meisten Frauen weltweit in der Kosmetik gewidmet. Gemäß einer von der *Welt am Sonntag* bereits 2005 veröffentlichten Statistik benutzen 60 Prozent der Frauen ab dem 15. Lebensjahr einen ihrer durchschnittlich vier Lippenstifte, um damit im Laufe ihres Lebens ca. 2,7 Kilo künstliches Lippenrot aufzutragen. Lippenpflegestifte werden rund um den Globus 8000 Mal pro Stunde gekauft und das Aufspritzen von Lippen mit Hyaluronsäure macht ca. ein Fünftel aller nicht-chirurgischen kosmetischen Eingriffe aus.

Lippen sollen also nicht nur zum Essen und Trinken, Sprechen und Singen, zum Posaune oder Querflöte Spielen, zum Pfeifen, Flirten oder Küssen benutzt werden, nein, sie sollen einfach nur da sein und sie sollen schön sein. Was macht Lippen schön? Ganz simpel: die Farbe, die Größe und die Form.

Und vergleichsweise einfach sind unsere Lippen im Grunde auch konstruiert: ein ringförmiger Muskel, in den einige andere Muskeln hineingreifen. Ein bisschen Haut und Schleimhaut mit der entsprechenden geweblichen Basis und den üblichen Ausstattungsmerkmalen wie Schweiß-, Talg- und Speicheldrüsen. Ein paar Blutgefäße und Nerven dazu und fertig ist der Mundvorhang (siehe Abbildung 2). Etliche Säugetierarten verfügen übrigens auch über dieses paarige Organ.

Das Lippenrot

Der interessanteste Abschnitt der Lippen ist – natürlich – das Lippenrot. Hier trifft die äußere Haut, die *Epidermis*, auf die Mundschleimhaut, die *Mukosa*. Wir können also quasi eine »innere« Lippe von einer »Äußeren« unterscheiden.

Der Übergang dieser beiden Anteile ist weder richtige Haut, noch besitzt diese Zone alle Merkmale der Mundschleimhaut und heißt daher auch *pars intermedia*, besser bekannt als Lippenrot. Es kommt im Gegensatz zu anderen Säugetieren nur beim Menschen vor.

Das Lippenrot hat eine deutlich dünnere Hornschicht als die Gesichtshaut, besitzt dafür aber wesentlich mehr sogenannter *Bindegewebspapillen*. Das sind kleine nach außen gerichtete

Zapfen des Unterhautgewebes, die sehr stark durchblutet sind. Beides, weniger Verhornung und stärkere Durchblutung, sorgt für die intensiv rote Färbung. Die Farbe der Lippen kann sich mit dem Grad der Durchblutung natürlich verändern, was diagnostisch genutzt werden kann:

Wenn der Sauerstoffgehalt der Lippen sinkt oder die Durchblutung bei großer Kälte verlangsamt ist, sehen wir das unter anderem an dunkleren beziehungsweise lividen Lippen. Auch vegetative Störungen wie ein Schock, eine Ohnmacht oder ein tüchtiger Schreck zeigt sich am Lippenrot: es erblasst. So kann der Notarzt gelegentlich eine Erstdiagnose regelrecht von den Lippen ablesen.

Die sehr spezielle Hautschicht des Lippenrotes heißt *Stratum lucidum* = Leuchtschicht und enthält weder Haare noch Schweißdrüsen, noch Schleim- oder Speicheldrüsen. Sie ist also verhältnismäßig glatt, nicht wirklich feucht, eher klebrig, und leider auch vergleichsweise anfällig für Beschädigungen.
Aber warum und wozu haben wir eigentlich das Lippenrot?

Verschlusssache – nicht nur für den Dienstgebrauch

Der Sinn dieser einzigartigen Konstruktion liegt wohl hauptsächlich in der Gewährleistung einer Funktion, die ich eingangs etwas unterschlagen habe zu erwähnen, nämlich der Abdichtung.

Unsere Lippen sind ein sagenhafter Verschluss. Fast wie ein Gefrierbeutel gleichermaßen luft- wie wasserdicht, dabei aber wesentlich schneller und flexibler. Und individuell regelbar, das heißt durch den inneren Ringmuskel stufenlos auf den jeweiligen Mundinnendruck einstellbar.

Abb. 2
Lippenquerschnitt

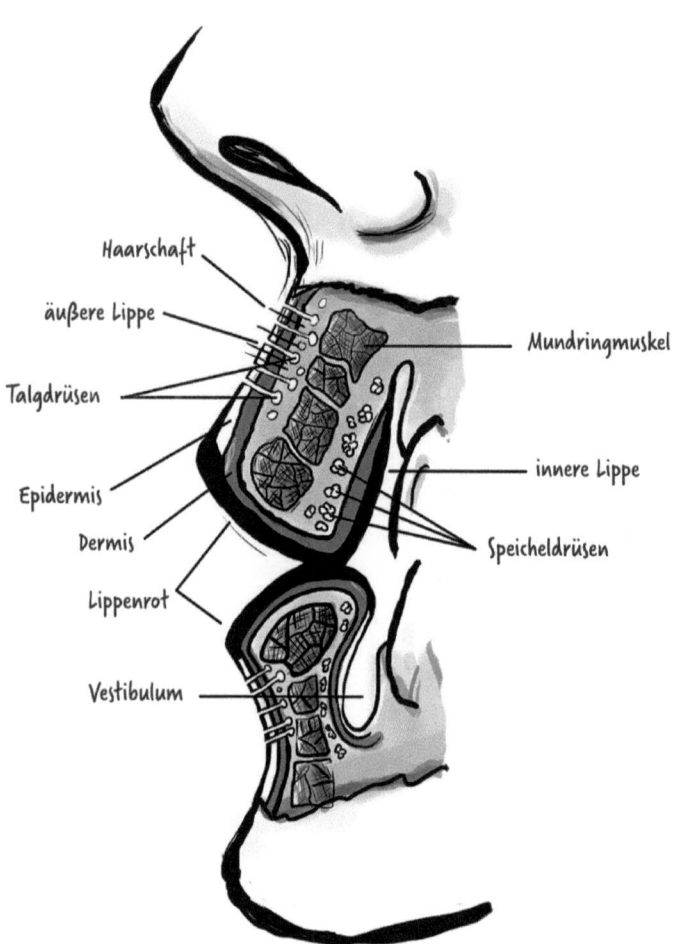

Haarschaft

äußere Lippe

Talgdrüsen

Epidermis

Dermis

Lippenrot

Vestibulum

Mundringmuskel

innere Lippe

Speicheldrüsen

Das ist durchaus ganz praktisch beim Essen und Trinken, damit wir nicht sabbern und uns beispielsweise mit dem Cabernet Sauvignon bekleckern, den wir genüsslich im Mund hin und her bewegen.

Aber auch ein koordinierter und fein abgestimmter Lippenschluss ist bei der Lautbildung (näheres dazu im Schlusskapitel), also beim Sprechen unerlässlich. All das, was Tiere eben nicht so gut können oder brauchen.

Für die Atmung ist ein dichter Lippenschluss wichtig, nicht nur beim Luft anhalten, sondern auch bei der Nasenatmung: beim Riechen schließen wir den Mund. Probieren Sie es doch gleich einmal! Wenn Sie mit offenem Mund schnuppern können, haben Sie etwas geschummelt und zur Abdichtung das Gaumensegel, etwas weiter hinten im Mund, benutzt. Für die Nasenatmung und das Riechen brauchen wir einen luftdichten Mundschluss.

Nicht nur der Druck dieses Verschlusses ist regulierbar, auch die Dichtigkeit des Lippenschlusses selber. So bleibt bei der wichtigsten Aktivität des Neugeborenen neben dem Atmen, nämlich dem Saugen an der Mutterbrust oder einige Jährchen später bei Saugen am Strohhalm einer Caipirinha, aber auch beim Pfeifen oder Flöte spielen ein Teil der Lippen offen, während die benachbarten Abschnitte dicht schließen. Dieser geniale Mechanismus würde weder auf der äußeren Haut so gut funktionieren noch mit glitschiger Mundschleimhaut.

Das Lippenrot der Oberlippe trifft auf das untere im Bereich der Mundwinkel. Nicht selten liegt hier eine Falte, die sogenannte *Kommissur*. Praktisch, um die ohnehin schon sensationelle Flexibilität bzw. Dehnbarkeit der Lippen zu verbessern. Problematisch, weil diese Falte oft durch Austrocknung, Verletzungen oder Infektionen beschädigt ist. Wer schon einmal wunde Mundwinkel hatte, erinnert sich sicher, dass man in dieser Phase ungern den Mund weit aufmacht. Dann ist Butterbrot statt Burger angesagt.

Apropos Ernährung: das Lippenrot ist bedingt durch die sehr hohe Nervdichte natürlich auch eine hochsensible Zone, was eben nicht nur hilfreich für das Erlebnis eines Kusses ist, sondern auch praktisch für das Ertasten und die Analyse der Nahrung. Ein zu heißer Kaffee wird als solcher bereits von den Lippen erkannt und durch Pusten (mit gespitzten Lippen) abgekühlt, bevor man sich den Mund verbrüht.

Diese eigentlichen Funktionen und Aufgaben der Lippen scheinen oft übersehen oder zu wenig gewürdigt zu werden. Denn nicht zu Unrecht stehen die Lippen wegen ihrer attraktiven Wirkung an vorderster Front der Schönheitsindustrie. Aber das sei diesem wunderbar unaufdringlichen und bienenfleißigen Organ auch wirklich gegönnt.

Wahre Schönheit kommt wie so oft aber auch bei den Lippen von innen.

Pimp your lips

Reduzieren Sie daher Ihre Lippen nicht nur auf ihre äußere Erscheinung, sondern tun Sie gelegentlich etwas für sie!

- Besorgen Sie sich einen Pflegestift, besonders bei starker Sonneneinstrahlung oder bei großer und trockener Kälte.
- Gönnen Sie Ihren Lippen gelegentlich ein erholsames Peeling. Anleitungen bekommen Sie im Internet oder bei einer guten Kosmetikerin.
- Sorgen Sie für mehr Fülle Ihrer Lippen durch Aufbautraining: Pfeifen Sie sich öfter mal ein Liedchen vor oder trainieren Sie Ihre Lippenmuskulatur durch ein paar tägliche

Übungen im Auto, Büro oder zu Hause. Auch hierzu gibt es etliche Tipps im Netz.

Der japanische Zahnmediziner *Hajime Igarashi* hat gemeinsam mit einer Studiengruppe innerhalb der Japanischen Akademie für Internationale Zahnmedizin (JAID) in einem aktuellen Buch tatsächlich detailliert Lippenübungen beschrieben, die nicht nur Koordination und Funktion, sondern auch die Fülle der Lippen verbessern und somit gezielt dazu beitragen, restaurative Therapien des Gebisses ästhetisch ansprechend einzurahmen.

Etwas näher dran ist das sogenannte »Hannoveraner Konzept« des Professors für Kieferorthopädie *Joachim Tränkmann*, das etliche Lippenübungen zur Stärkung des perioralen Ringmuskels beinhaltet.
Einige dort vorgeschlagene Workouts bestehen darin, die Lippen bei geschlossenem Mund vorzustülpen, nach links und rechts zu ziehen; Getränke durch einen Strohhalm zu trinken; oder (»je nach Alter des Patienten und Geschicklichkeit«) auf ein Klebebild in der Badewanne zu spucken (Zielspucken). Eine zu kurze Oberlippe könnte mit Zug durch Daumen und Zeigefinger am Philtrums (das ist die »Lippenrinne« unterhalb der Nase) nach unten aufgebaut werden.

Ratschlag vom örtlichen Profi bekommen Sie übrigens auch bei einem Logopäden bzw. einer Logopädin in Ihrer Nähe. Oder nehmen Sie Posaunenunterricht.

All das ist gesünder, nachhaltiger, natürlicher und wahrscheinlich deutlich günstiger, als sich Hyaluronsäure unterspritzen zu lassen und es macht weniger Narben als kosmetische Chirurgie.

Für eine bessere Figur gehen Sie doch auch trainieren, anstatt sich aufpumpen zu lassen.

Wangenröte

Auch unsere Wangen sind seit geraumer Zeit offenbar im Visier von Schönheitschirurgen, die in ihren Werbebroschüren mehr Fülle und Jugendlichkeit durch Injektion von Hyaluronsäure versprechen.

Die Wangen sind die seitlichen Begrenzungen der Mundhöhle. Sie werden eigentlich hauptsächlich durch einen Muskel gebildet, der auf Latein »Buccinator« heißt, was etwa mit Trompetermuskel übersetzt werden kann. Dieser Muskel schließt übrigens direkt an den Ringmuskel an, der die Lippen bildet. Das ist nicht nur für Trompeter sinnvoll.

Einige der bekanntesten Jazztrompeter, unter ihnen *Louis Armstrong* (1901 – 1971), *Miles Davis* (1926 – 1991) und natürlich sehr beeindruckend *Dizzy Gillespie* (1917 – 1993) bliesen beim Trompeten ihre Wangen so sehr auf, dass wir auf Fotos davon beeindruckende anatomische Studien dieses Muskels betreiben können.

Für die Wangenmuskulatur ist derartiger Kraftsport ganz klar die bessere Alternative zur Hyaluron-Injektion. Eine der Aufbau-Übungen besteht tatsächlich im festen Aufblasen der »Backen«, wie die Wangen gelegentlich auch bezeichnet werden. Legen Sie dazu am besten Jazz auf, denn mit Musik geht schließlich alles besser.

Ebenfalls für die Fülle der Wange verantwortlich ist ein mittiger, etwa weintraubengroßer Fettpfropf. Dieser ist als Bestandteil des sogenannten »Babyspecks« bei Säuglingen und Kleinkindern noch starker ausgeprägt. Er dient als »Stillkissen« und unterstützt den jungen Buccinator beim Saugen an der Mutterbrust.

Es existiert derzeit wohl keine plastisch-chirurgische Möglichkeit, diesen Fettkörper gezielt aufzubauen.

Die Wange wird von der großen Gesichtsarterie, ein Ableger der Halsschlagader, durchblutet. Von ihr zweigen zahlreiche kleinere Blutgefäße in die relativ dünne Wange ab. Ähnlich wie bei den Lippen kann man daher ein situatives Erröten oder ein Erblassen der Wangen recht gut erkennen.

Der niederländische Pataphysiker *Wolter Seuntjens* von der Universität Erfurt hat sogar mittels einer Wärmebildkamera nachweisen können, dass man auch im Dunkeln erröten kann. Offenbar konnte diese Frage bis dahin von der Wissenschaft aus nachvollziehbaren Gründen nicht eindeutig geklärt werden.

Pataphysiker sind übrigens Wissenschaftler, die erweiterte Metaphysik betreiben und gerne Absurditäten untersuchen.

Auch die Innenseite der Wange ist bestens durchblutet und wesentlich satter rot als die Gesichtsröte. Das liegt natürlich an der innenliegenden Bedeckung mit Mundschleimhaut, der sogenannten *Mukosa*. Wir werden uns an anderer Stelle noch eingehender mit diesem speziellen Epithel beschäftigen.

In der Wangenschleimhaut liegen sehr viele Einzelspeicheldrüsen, die für Feuchtigkeit sorgen. Näheres dazu in Kapitel 4. Die größte Speicheldrüse, die *Parotis* oder Ohrspeicheldrüse, mündet auf der Wangeninnenseite in die Mundhöhle: etwa auf Höhe des ersten großen Backenzahnes kann man mit der Zungenspitze eine kleine Erhebung tasten, die *papilla parotidea*. Hier sprudelt, wie wir nachher noch sehen werden, geradezu literweise Speichel heraus.

2 Lecker. Und was unsere Zunge sonst noch kann

Unsere Zunge ist das einzige Organ auf unserer Tour das – wenigstens teilweise – die Mundhöhle auch einmal verlassen kann. Zum Beispiel beim Herausstrecken der Zunge.

Einstein und die Rocker

Jeder kennt das Bild von Albert Einstein mit weit herausgestreckter Zunge (Abbildung 3).

Unvergessen auch die extrem lange Zunge von Gene Simmons, dem Gründer der 70er-Jahre Rockgruppe KISS, dem nachgesagt wurde, er habe sich eine Kalbszunge implantieren lassen oder wenigstens ein »Häutchen« entfernen lassen, um zu dieser beeindruckenden Akrobatik fähig zu sein.

Auch die Rolling Stones entschieden sich Anfang 1970 für ein Logo, das durch eine herausgestreckte, rotglänzende Zunge dominiert wird. Vor allem sollte dieses einem Bild der hinduistischen Göttin Kali nachempfundene Logo sowohl die antiautoritäre Haltung der Band (die Stones waren zu der Zeit die »Bösen« im Gegensatz zu den »braven« Beatles) repräsentieren, aber auch sexuelle Assoziationen in Anlehnung an den charakteristischen Mund von Mick Jagger wecken.

Warum strecken wir die Zunge heraus? Und warum kostet diese höchst wichtige und interessante Geste im Straßenverkehr nach aktuellem Bußgeldkatalog mindestens 150 Euro Strafe?

Dirk Eilert, Experte für Mimik und Gestik, vermutet, dass die Ablehnung und Abscheu in dieser Geste im frühen Kindesalter verankert ist. Babys oder Kleinkinder, denen das Breichen nicht schmeckt, befördern die Nahrung postwendend mit herausgestreckter Zunge aus dem Mund. Eine andere Erklärung für diese »Reliktgeste« besteht in der Annahme, es handele sich um ein tief im menschlichen Genom verankertes Überbleibsel aus der Zeit, in der die Menschen mehr mit Gesten als mit Sprache kommuniziert haben. Da es mittlerweile auch ein »Emoticon« mit herausgestreckter Zunge gibt, liegt die Befürchtung nahe, dass wir uns dieser Zeit irgendwie wieder annähern.

Warum Einstein die Zunge herausstreckte, ist übrigens überliefert. Zunächst war es die Reaktion auf nervige Fotografen, die ihn an seinem 72. Geburtstag bedrängten. Später ließ er sich dieses Bild vielfach kopieren, schnitt sein grimassierendes Gesicht heraus und verschickte es an Freunde und dokumentierte dies als politischen respektive gesellschaftlichen Protest.

Ob Rockmusik, Lust, Abscheu, Provokation oder Protest: Vor allem strecken wir die Zunge aus demselben Grund heraus, aus dem sich Hunde mit dem Fuß am Ohr kratzen und Elefanten sich Wasser mit der Nase auf den Rücken spritzen: weil wir's können!

Nicht nur diese Mobilität zeichnet unser intraorales Muskelpaket aus, auch die Vielseitigkeit der Zunge lohnt einen genaueren Blick auf den größten Mundhöhlenbewohner.

Zungenanatomie

Wir besitzen nicht einfach »eine Zunge«. Unsere Zunge wird sowohl aus anatomischen, als auch vor allem aus physiologischen Gründen in einen Zungenkörper (bestehend aus Zungenspitze und Zungenrücken) und eine Zungenwurzel unterteilt. Auch unterscheiden sich Zungenrand, die Zungenoberseite und natürlich erst recht ihre Unterseite in Aufbau und Auftrag.

Abb. 3
Einstein und die Rocker

Die Zungenspitze ist der Teil der Zunge, der unter normalen Umständen am beweglichsten ist und fast jede Stelle der Mundhöhle ertasten kann – und einen Bewegungsradius vom Kinn über die Lippen bis zur Nase besitzt. Nicht nur die Selbstreinigung des Mundes funktioniert durch diese Zungenbeweglichkeit, auch die sehr wichtige Befeuchtung der Lippen wird durch die Außendienstaufgaben der Zunge sichergestellt.

Landkartenzunge

»Unter normalen Umständen« ist für den Beginn des Zungenkapitels ein gutes Stichwort. Vorab also folgender Grundsatz: Es gibt immer harmlose Abweichungen von der Norm. Normal ist nicht automatisch gesund und abnormal ist nicht automatisch krank. An vielen Stellen des Körpers sprechen wir von sogenannten *Normvarianten*, also Abweichungen vom normalen Bild ohne pathologischen Charakter.

Wenn Sie also im Verlaufe der Lektüre dieses Kapitels den Drang verspüren, sich Ihre Zunge im Spiegel einmal näher zu betrachten – wozu ich Sie gerne motivieren möchte – und besorgt über irgendwelche Veränderungen sind, gibt es mit hoher Wahrscheinlichkeit keinen Grund zur Panik. Selbst spektakuläre Oberflächenveränderungen wie die Landkartenzunge (die heißt so wie sie dann eben aussieht) sind meistens völlig harmlos. Machen Sie am besten ein Foto Ihrer Zunge und vergleichen Sie das Bild mit dem Zustand ein paar Tage später. Bei Zweifeln freut sich Ihr Arzt oder Zahnarzt über diese Dokumentation. Auch Zungenfalten und -verfärbungen kommen häufig vor.

Dennoch drücken sich gelegentlich allgemeine Erkrankungen, Mangelzustände oder Fehlfunktionen durch Veränderungen der Zunge oder der Zungenoberfläche aus.

Das ist der Grund, warum sich der gute alte Onkel Doktor auch so gerne die Zunge der Patienten entgegenstrecken lässt und sie fachmännisch begutachtet. Übrigens nutzt die traditionelle chinesische Medizin – selbstverständlich – die Zungendiagnostik. Aber auch dazu später.

Das Zungeninnere

Für das Herausstrecken bzw. die Beweglichkeit der Zunge ist übrigens ein regelrechtes Muskelpaket zuständig. Womit wir also zunächst in das Zungeninnere hinein schauen:

Neben zahlreichen großen Blutgefäßen und den Ausläufern von nicht weniger als vier der zwölf großen Hirnnerven dominiert den Zungenkörper eine dreidimensional angeordnete Binnenmuskulatur. Die horizontal, vertikal und quer verlaufenden Muskeln sowie beide Zungenhälften sind von Sehnenfeldern, sogenannten *Faszien*, voneinander getrennt, was eine gute Verschieblichkeit gegeneinander ermöglicht. Die geradezu akrobatische Beweglichkeit der Zunge wird durch eine sehr gute Koordination und einen extrem feinen Tastsinn ergänzt. Dies funktioniert natürlich nur durch die intensive Versorgung der Zunge mit motorischen, sensorischen und sensiblen Nerven, die ohne große Umwege direkt aus dem Gehirn kommen.

Eine weitere, nämlich sekretorische Funktion von Nerven sei hier nur der Vollständigkeit halber erwähnt. Mehr dazu im Speichel-Kapitel.

Die Zunge ist ein Multitalent

Mittels ihrer außergewöhnlichen Beweglichkeit beteiligt sich unsere Zunge an der Lautbildung, dem Singen oder Sprechen, beim Schnalzen, Pfeifen oder dem Spiel diverser Musikinstrumente. Sie hat somit eine wichtige, ja zentrale kommunikative beziehungsweise soziale Aufgabe.

Natürlich übernimmt die Zungenmuskulatur eine weitere, überlebenswichtige Aufgabe beim Essen und Trinken: Die zu kauende Nahrung wird von der Zunge immer wieder zwischen die Zahnreihen zur weiteren Zerkleinerung bugsiert, wobei gleichzeitig von den zahlreichen Tastsensoren geprüft wird, ob der Bissen schon genügend zerkleinert und durchgespeichelt ist, um verschluckt zu werden.

Schließlich wird in einem komplexen Zusammenwirken aller Zungenmuskeln – hier kommen also auch die äußeren Zungenmuskeln ins Spiel – mit Gaumensegel sowie Kehldeckel der vorgekaute Nahrungsbrei in Richtung Speiseröhre weiter transportiert. Dies haben wir in der Abbildung 4 einmal schematisch dargestellt. Wichtig: das Gaumensegel dichtet die Nasenhöhle ab, der Kehldeckel verhindert ein irrtümliches Eindringen von Nahrung in die Luftröhre, das Aspirieren. Beim Trinken funktioniert dies in etwa genauso, allerdings natürlich ohne vorherige Kaubemühungen.

Dieses Vorverdauen der Nahrung macht übrigens die Rollenverteilung von Binnenmuskulatur bzw. der äußeren Zungenmuskeln deutlich.

Während die dreidimensional angeordnete innere Muskulatur die vorderen Zweidrittel, also Zungenkörper und Zungenspitze zu atemberaubenden Verrenkungen befähigt, lautet der Auftrag der außen am Zungenkörper anliegenden Muskeln, die Zunge insgesamt zu bewegen. Zum Beispiel sie weit heraus zu strecken, wie Albert Einstein oder Gene Simmons.

Nicht weniger wichtig ist aber auch das Fixieren der Zunge vorne am Unterkiefer oder am Zungenbein (das ist eine frei zwischen Mundboden und Kehlkopf liegende Knochenspange) beim Schlucken. Nicht, dass man die Zunge gleich mit dem Essen zusammen herunterschluckt!

Übrigens findet über die Außenmuskulatur der Zunge auch eine Befestigung an der Schädelbasis statt. Damit ist die

Zunge also eine muskulär-sehnige Verbindung zwischen Ober- und Unterkiefer. Üblicherweise wird diese funktionelle Verbindung im Zusammenhang mit der Betrachtung des Kiefergelenkes auf die klassischen Kaumuskeln »beschränkt«, was ja auch naheliegend ist.

Dennoch stellt die Zunge unzweifelhaft einen funktionell enorm wichtigen Muskelkomplex unseres Kauorgans dar, der gegenwärtig zunehmend Beachtung findet.

Abb. 4

Schluckvorgang

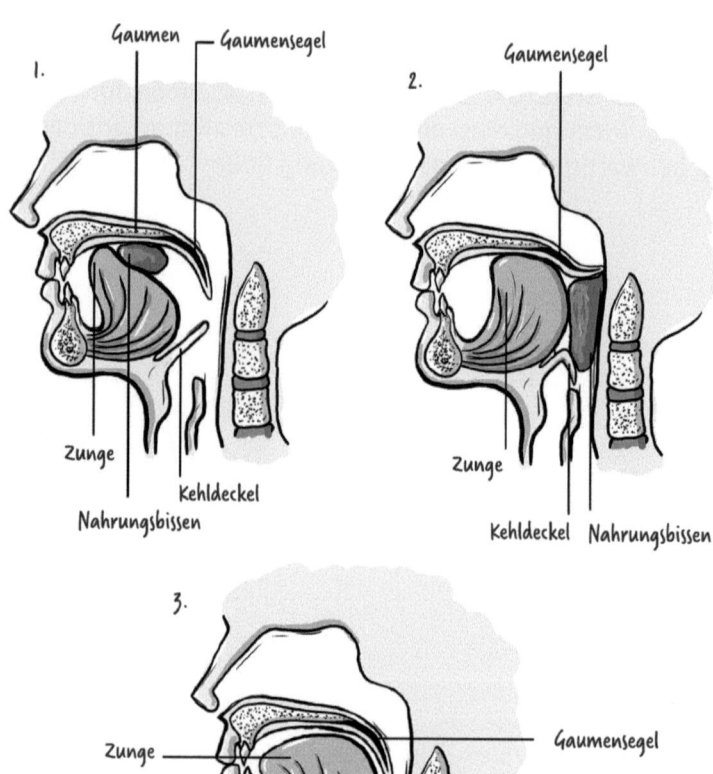

1.

Gaumen — Gaumensegel

Zunge

Kehldeckel

Nahrungsbissen

2.

Gaumensegel

Zunge

Kehldeckel Nahrungsbissen

3.

Zunge —

Kehldeckel —

Gaumensegel

Nahrungsbissen

Schnarchen und Atemstillstand

Deutlicher wird nämlich dieser Sachverhalt – wie so häufig in der Medizin – bei Fehlfunktionen oder Erkrankungen. So kann man in der täglichen Praxis häufig die Angewohnheit vieler Menschen beobachten, die Zunge fest an die geschlossenen Zahnreihen zu pressen. Man sieht das sehr beeindruckend an entsprechenden Zahnabdrücken am Zungenrand. Dieses muskuläre Workout führt gelegentlich zu einer starken Vergrößerung der Zunge, in der Folge zu Platzmangel in der Mundhöhle und Hand in Hand mit der sukzessive schwindenden Koordination zu Schluckstörungen, erhöhtem Würgereiz oder zu nächtlichem Schnarchen bzw. Verschluss der oberen Luftwege.

Unter bestimmen Voraussetzungen kann nämlich nachts, nicht selten in Rückenlage, die gesamte Zunge nach hinten fallen und so die Luftröhre verlegen. Abbildung 5 verdeutlicht uns das Problem.

Diese oft minutenlange Unterbrechung der Sauerstoffzufuhr nennt man *Apnoe* und ist in hohem Maße gesundheitsgefährdend, ja sogar lebensbedrohlich!

Außer mit Überdruckmasken, die an »*Top Gun*« erinnern, kann heute vorhersagbar mit speziellen Schnarcherschienen, die am besten der dafür spezialisierte Zahnarzt anfertigt, das Zurückfallen des Unterkiefer-Zungen-Komplexes verhindert werden. Noch sehr neu, aber äußerst vielversprechend sind sogenannte Zungenschrittmacher, die unter der Haut der Schlüsselbeinregion implantiert werden und den Zungennerv so stimulieren, dass das nächtliche Zurückfallen der Zunge in die Luftröhre verhindert werden kann.

Aber auch Koordinationstraining für die Zunge hilft hier sehr beeindruckend. Was vielleicht für die meisten Menschen exotisch klingt, ist für Logopäden tägliche Routine.

Kleine Kostprobe?

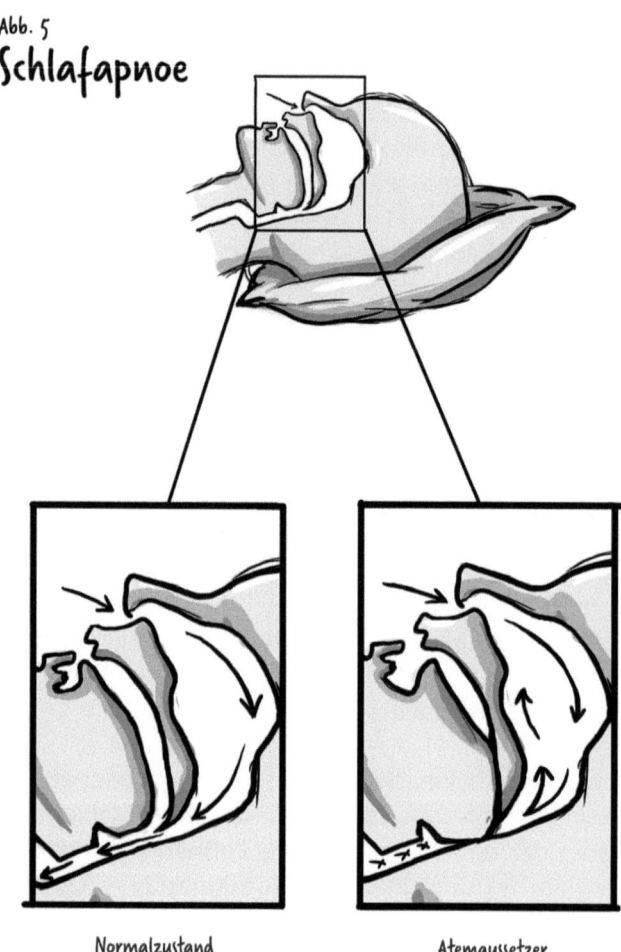

Abb. 5
Schlafapnoe

Normalzustand   Atemaussetzer

Zungentraining

Tippen Sie einmal ganz leicht mit der Zungenspitze an den hintersten äußeren Zahnhöcker oben links. Danach auf den hintersten Höcker des letzten unteren Backenzahnes rechts; danach in der gleichen Weise rechts oben und diagonal nach links unten. Geschafft? Dann zählen Sie doch gleich einmal mit der Zungenspitze Ihre Zähne von vorn nach hinten durch. Ihr Ergebnis können Sie dann (im Idealfall) mit der Abbildung 17 (Zahnstatus) weiter hinten im Buch abgleichen. Auch den Gaumen im Zickzack auszuwischen hilft der Zungenmuskulatur (und dem Gaumen – den wir gleich anschließend besprechen). Schnalzen geht auch: versuchen Sie einmal ein richtig »knallendes« Geräusch zu verursachen!

Eine andere Koordinationsübung für Zunge und Zähne ist das Modellieren eines schon etwas vorgekauten Kaugummis im Mund. Formen Sie doch mal daraus einen Würfel, eine Pyramide oder eine Kugel mit Zunge und Zähnen. Macht locker.

Lockern kann aber z.B. auch Schallanwendung mit speziellen Massagegeräten und natürlich Akupunktur.

TCM

Die traditionelle chinesische Medizin ist nun wirklich eine perfekte Überleitung zur Oberfläche der Zunge, deren Beschaffenheit von fernöstlichen Ärzten selbstverständlich und regelmäßig zur Diagnostik herangezogen wird.

Zungendiagnostik ist zwar ein etwas problematisches Gebiet, weil sich hier das ganze Spektrum zwischen wissenschaftlich orientierter Medizin und jahrhundertealte traditionelle Heilkunst anderer Kulturkreise erfolgreich betätigt. Aber irgendwo in diesem Bereich tummelt sich auch leider viel Spökenkiekerei.

Immerhin zeigt uns dies eine weitere wichtige, wenngleich nicht primäre Eigenschaft der Zunge, nämlich anhand des Aussehens ihrer Oberfläche Hinweise oder Rückschlüsse auf den Allgemeinzustand des Zungenbesitzers zu geben.

Um dies zu verstehen, betrachten wir als nächstes die Oberflächen der Zunge, die je nach Lage und Aufgabe ziemlich unterschiedlich sind.

Die Zungenoberflächen

Bei geschlossenem Mund füllt die Zunge zwar die Mundhöhle fast vollständig aus. Es bilden sich aber zwei Kammern, die funktionell recht unterschiedlich sind: Der Mundbodenbereich unter der Zunge und die obere Mundhöhle zwischen Zungenrücken und Gaumendach (vergleiche Abbildung 6).

Auf der Zungenunterseite befindet sich glattes, recht dünnes und nicht verhorntes *Epithel*. Mit dem Begriff Epithel wird in der Medizin im Prinzip die oberste Zellschicht von Haut und Schleimhaut, also der Körperoberflächen bezeichnet. Der gegenüberliegende Mundboden und auch weite Teile der Wangenschleimhaut besitzen ein der Zungenunterseite identisches Epithel.

Etwa ein Fünftel der Mundhöhlenauskleidung besteht aus unverhornter, man sagt auch *nicht keratinisierter* Schleimhaut. Diese ist nämlich wesentlich besser durchlässig für Wasser, enthält zahlreiche eingelagerte Speicheldrüsen und hat mit 2,2 einen vergleichbar hohen *Mitoseindex*. Das ist eine Vergleichsangabe für die Zellteilungsrate: Ein Mitoseindex von 2,2 bedeutet, dass sich etwa die Hälfte aller Epithelzellen gerade in irgendeinem Stadium der Zellteilung bzw. -vermehrung befindet.
    Somit verfügt dieses Gewebe nicht nur über eine simple, aber effektive Infektabwehr, weil sich anheftende Keime eben

nicht sehr lange auf einer sich ständig erneuernden Schicht aufhalten können, sondern auch über eine sehr schnelle Wundheilung. Der ehemalige Präsident der wissenschaftlichen Fachgesellschaft für Zahn-, Mund- und Kieferheilkunde, *Prof. Dr. Dr. Henning Schliephake* von der Uni Göttingen hat dies einmal recht salopp, aber eingängig so beschrieben: »*Mund und Po heilt so.*«

Die Kehrseite der Medaille dieser hohen Zellteilungsrate ist jedoch, dass auch die Rate irrtümlich oder fehlerhaft gebildeter Zellen steigt!

Zellfehlbildungen werden zwar normalerweise sofort vom Körper aussortiert, aber 60 bis 80 Prozent der *Tumoren* der Mundhöhle treten in Arealen mit nicht keratinisierter Schleimhaut, also z.B. am Mundboden respektive der Zungenunterseite auf. Eine Quote, die den regelmäßigen Blick des fachkundigen Betrachters dorthin sicherlich mehr als rechtfertigt.

Der Mundboden

Im vorderen Mundboden münden zwei der drei großen Speicheldrüsen, die *Glandula submandibularis* und die *Glandula sublingualis* (s. Kapitel 4). Zwischen Ihnen imponiert eine mehr oder weniger stark ausgeprägte Sehne, die die Zungenunterseite am Mundboden fixiert: das *Zungenbändchen*.

Wenn dieses Zungenbändchen stark verdickt und/oder verkürzt ist, so ist die Beweglichkeit der Zungenspitze erheblich reduziert, was zu Wachstums- oder Sprachentwicklungsstörungen führen kann oder die Selbstreinigungsfähigkeiten der Zunge limitiert. In den meisten solcher Fälle ist das Durchtrennen dieser Sehne völlig unproblematisch und sollte am besten möglichst frühzeitig im Kindesalter vorgenommen werden. Aber auch zu einem späteren Zeitpunkt verbessert die Durchtrennung eines verkürzten Zungenbändchens die Beweglichkeit der Zunge enorm.

Die eigentliche Mundhöhle

Die etwas spektakulärere obere Mundhöhlenetage wird am Boden durch die Zungenoberfläche, seitlich je nach Grad der Kieferöffnung durch entweder die Zahnreihen oder die Wangen und im Gewölbe durch den harten Gaumen begrenzt. Der hintere Teil dieses Raumes ist zeitweilig durch das Gaumensegel des weichen Gaumens verschlossen, aber natürlich im Prinzip eine Öffnung abwärts in den Schlund bzw. Rachen. Näheres zum Gaumen im nächsten Kapitel. Einen Querschnitt durch die Mundhöhle zeigt Abbildung 6.

Dieser so umgrenzte Funktionsraum, stellt die eigentliche Mundhöhle dar und dient natürlich und vielleicht auch an erster Stelle der Nahrungsaufnahme und dem Atmen. Und deswegen ist sinnvollerweise natürlich auch ein Schutz vor dem Eindringen von unerwünschten Fremdkörpern jeglicher Art erforderlich. Aus diesem Grund ist die Mundhöhle mit einer besonderen Oberfläche ausgekleidet, der *Schleimhaut* oder auch *Mukosa*.

Die Schleimhäute sind in diesem Bereich meist verhornt (keratinisiert), was ziemlich sinnvoll ist, damit beim Essen harte oder heiße Nahrungsbestandteile die Oberfläche nicht so leicht verletzen. Eine weit wirksamere Schutzfunktion bietet allerdings eine knapp 0,1mm dünne Schutzschicht aus sogenannten *Gykoproteinen* (ein Eiweiß-Kohlenhydrat-Mix), die überwiegend von den etwa 7000 kleinen kugligen Speicheldrüsen der Mundschleimhaut gebildet wird. Mehr zu diesem Schutzfilm im übernächsten Hauptkapitel.

Als weiterer Schutz besitzt das Epithel eingelagerte Immunspezialisten, die sogenannten *Langerhans-Zellen*, die im Infektfall – allzeit bereit – als Antigen präsentierende Zellen zur Verfügung stehen. Kurze Wege – schnelle Hilfe.

Die Nahrungsaufnahme wäre mit Sicherheit kein besonders sicheres und attraktives Ereignis, wenn wir nicht schmecken würden, was wir essen oder trinken.

Abb. 6
Mundhöhle

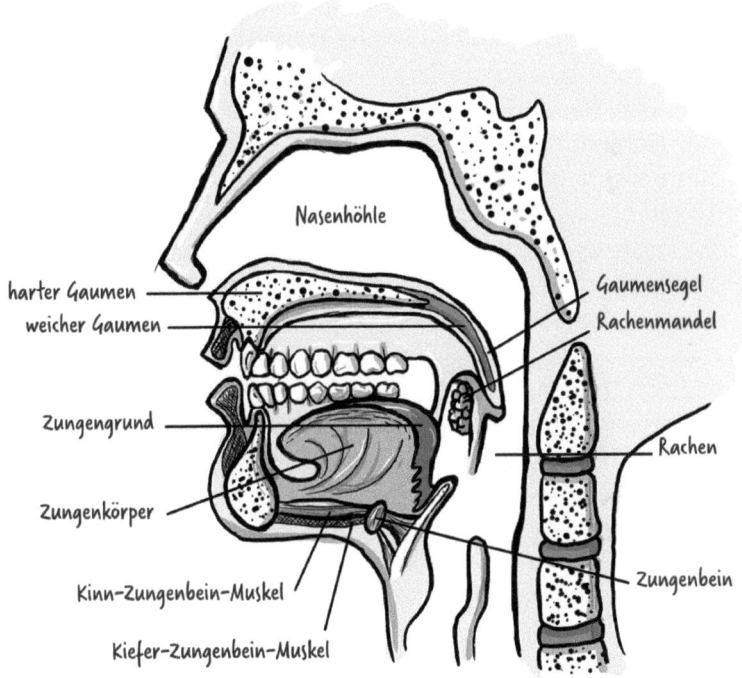

Wie funktioniert eigentlich Schmecken?

In den Schleimhautbereichen, die überwiegend mit der Nahrung in Kontakt kommen, also Zungenoberseite und harter Gaumen, liegen noch weitere, wirklich einzigartige und interessante Gebilde, nämlich unsere *Geschmacksknospen* in Form 30-80 Mikrometer kleiner knospenförmig angeordneter Spezialzellen mit Nerv- und Gefäßanschluss.

Die Geschmacksknospen sind – wie ihr Name schon verrät – für das Empfinden der Geschmacksqualitäten süß, salzig, bitter, sauer und umami (und aller interessanten und schmackhaften Kombinationen daraus) zuständig. Sie liegen deswegen sehr oberflächlich in der Mundschleimhaut, sind – wie wir in der Höhlenmalerei Nr. 7 gut erkennen können – nach oben hin porig geöffnet und an ihrer Basis im unter der Oberfläche liegenden Bindegewebe verankert. Von dort kommen die Endäste der Hirnnerven, die für die Geschmacksempfindung zuständig sind und reichen als sensorische freie Nervenendigung in die Knospe hinein.

Je nach chemischer Zusammensetzung der Nahrung und Beschaffenheit des Speichels als vorbereitendes und begleitendes Transportmedium werden auf dem Grund der Pore von Spezialzellen der Geschmacksknospe etwa 1 Mikrometer kleine Körnchen (sog. *Granula*) ausgeschüttet, die ähnlich wie in einem *Synapsenspalt* (so bezeichnet man die Verbindungsstelle zweier Nervenzellen) biochemisch den Nerv stimulieren, der dann ein entsprechendes Signal an das Gehirn weiterleitet. Je stärker die Nahrung zum Beispiel salzig ist, desto mehr Geschmacksknospen werden entsprechend aktiviert und umso lauter klingelt es im Gehirn: »Achtung! Salzig!«.

Die Zellen der Geschmacksknospen sind also quasi Vermittler zwischen den geschmacksauslösenden Substanzen im Mund

und den sensorischen Nervenendigungen des Gehirns. Dabei sind heutzutage 3 Typen von Geschmacksknospen-Zellen identifiziert, die über entsprechende Rezeptoren miteinander kommunizieren oder weiterführende biochemische Kaskaden auslösen. Je nach Art des Reizes entstehen eine unterschiedliche Reaktionskette und eine »Wahrnehmung« im dazugehörigen Hirnareal. Jede Geschmacksknospe ist also für alle Geschmacksrichtungen zuständig.

Die Zellpopulation der Geschmacksknospen unterliegt einer ständigen Erneuerung, wobei je nach Zelltyp etwa eine Lebensdauer von 9-11 Tagen angegeben wird. Dieser Umstand gibt schon einen zarten Hinweis darauf, dass es nicht die Geschmacksknospen allein sein können, die Geschmack machen.

Unterschiede im strukturellen Aufbau der Geschmacksknospen verschiedener Zungenareale, die etwa für die Differenzierung der verschiedenen Geschmacksqualitäten wie süß, sauer, salzig, bitter und umami verantwortlich wären, wurden bisher allerdings nicht festgestellt. Daher liegt die Schlussfolgerung nahe, dass die eigentliche Geschmackswahrnehmung erst in den zentralen Gehirnfeldern stattfindet und möglicherweise somit gewissermaßen einer Lernerfahrung beziehungsweise *neuronalen Prägung* unterliegt.

So verfügen zum Beispiel Neugeborene zwar über ausreichend Geschmacksknospen und natürlich über die im menschlichen Genom angelegten (*tas1R2* und *tas1R3* heißen die genetischen »Orte«) positiven Empfindungen für das Geschmacksempfinden »süß«. Ihr Geschmackssinn als Produkt unserer fünf Sinne bildet sich aber erst in den ersten Lebensmonaten aus – und offenbar lebenslang weiter: Köche, Sommeliers oder professionelle Feinschmecker dürften aus diesem Grund in der Lage sein, ihre Geschmackssinne zu entwickeln oder gar regelrecht zu trainieren.

Die Bildung und Funktion der Geschmacksknospen hängt unmittelbar von der Funktion der Hauptnervenstränge ab.

Dieser induktive Zusammenhang lässt sich experimentell verdeutlichen: nach operativer Durchtrennung der zuführenden Nerven kommt es innerhalb weniger Tage zur vollständigen Degeneration der Geschmacksknospen mit Verlust der Geschmacksempfindung im betroffenen Areal der Schleimhautoberfläche.

Abb. 7
Geschmacksknospe

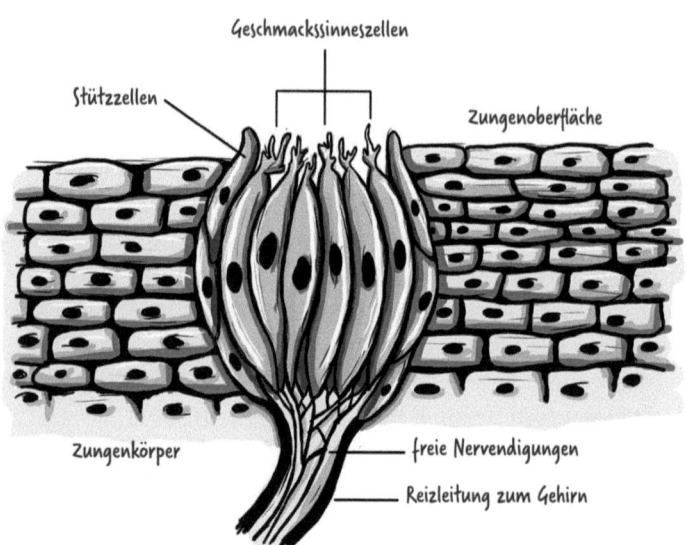

Sobald neue Nervenendigungen ins Mundschleimhautepithel eingewachsen sind, bilden sich aus den ortsständigen Zellen neue Geschmacksknospen.

Eine aktuelle experimentelle Studie aus Taiwan zeigte, dass auch die Nasenatmung mit der Ausbildung von peripheren Geschmackssensoren verknüpft ist. In einem Versuch mit Rattenjungen wurde den 8 Tage alten Tieren die Nase halbseitig verstopft. Nach neun Wochen konnte beobachtet werden, dass die Anzahl der Wallpapillen und Geschmacksknospen gegenüber einer unmanipulierten Kontrollgruppe deutlich reduziert war.
Dieses Experiment verdeutlicht die Bedeutung der Nasenatmung und ihr Zusammenspiel mit dem Geschmacksempfinden ganz prima: wer einen dicken Schnupfen hat, schmeckt auch nicht mehr so gut.

Auch Neurotoxine wie Nikotin oder Medikamente, die die biochemische Geschmackskopplung beeinträchtigen, führen zu einer Verschlechterung der Geschmackswahrnehmung. Tatsächlich können die wie überall im Körper auch in den Geschmacksknospen für die Zellkommunikation verantwortlichen sogenannten *G-Protein-gekoppelte Rezeptoren (GPCR)* durch Nikotin blockiert werden. Raucher schmecken daher nicht mehr so gut. Viele frischgebackene Ex-Raucher berichten davon, wie sehr sich nach kurzer Zeit der Abstinenz (nachdem sich neue Geschmacksknospen gebildet haben) das Geschmacksempfinden wieder verbessert und intensiviert hat.

Es wird angenommen, dass die Anzahl der Geschmacksknospen im Alter durch strukturelle Veränderung der Zunge abnimmt, was vielleicht auch ein Grund dafür sein könnte, dass ältere Menschen eher kräftig gewürzte oder stark aromatische Lebensmittel bevorzugen.

Die Zungenpapillen

Höchste Zeit, unser Vergrößerungsglas endlich einmal auf die Zungenoberseite (Abbildung 8) zu richten:

Eher im hinteren Bereich des Zungenrückens markiert eine nach vorne offene V-förmige Rinne die Grenze zwischen Zungenwurzel (hinteres Drittel der Zunge) und dem Zungenkörper (vordere zwei Drittel).

Auf dem Zungenrücken kann man bereits mit bloßem Auge zahlreiche rundliche kleine Erhebungen erkennen, die sogenannten *Papillen*. Von Ihnen gibt es vier verschiedene Typen.

Abb. 8
Zungenrücken

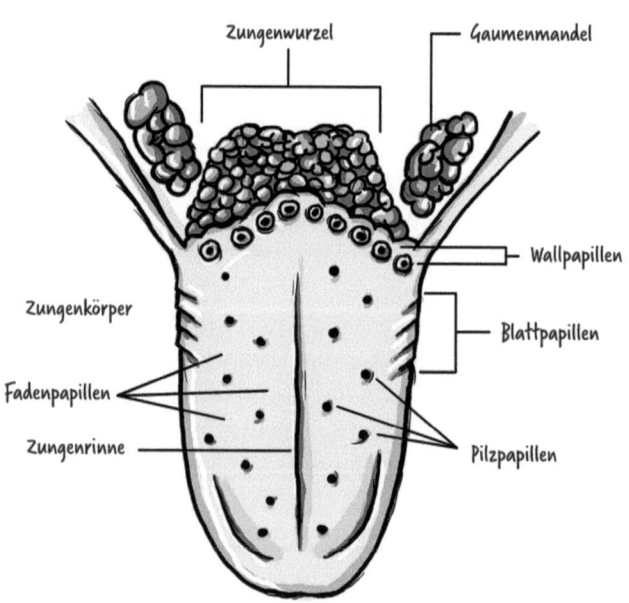

Fadenpapillen

Am zahlreichsten vertreten sind die fadenförmigen Papillen, die *Filiformes* (Abbildung 9). Auf einem Quadratzentimeter Zungenoberfläche befinden sich bis zu 500 dieser kleinen Hornhautspitzen, die leicht nach hinten, also in Richtung Schlund geneigt sind. Auch das hat natürlich einen Grund. Ein Blick in die vergleichende Anatomie verdeutlicht ihn:

Sehr viel ausgeprägter sind die Fadenpapillen auf Zungen von Katzen. Der Grund für die Existenz dieser Hornhautspitzen wird schnell klar, wenn man eine Katze Milch trinken, oder besser gesagt lecken sieht: Mit den »Zungenhaaren« zieht sie Nahrung gewissermaßen in den Mund.

Genauer betrachtet ist der Aufgabenbereich der Fadenpapillen aber im wahrsten Sinne des Wortes noch tiefgründiger.

Die *Papillae filiformes* sitzen mit ihrem Fundament, der sogenannten *Primärpapille* auf Bindegewebswällen, die fischgrätenmusterartig parallel zur eben erwähnten V-förmigen Endrinne verlaufen. Auf jedem Quadratzentimeter sitzen ungefähr 20 solcher Primärpapillen. Aus diesem Sockel entspringen 20 – 30 Sekundärpapillen. Das sind die eigentlichen fadenförmigen und stark verhornten »Zungenhaare«. Innerhalb dieser Sekundärpapillen liegen Kapillaren, jede Menge immunologisch wichtiger Zellen sowie verschiedene Nervenendigungen, die im Prinzip *Mechanorezeptoren* sind, also Tastsinn vermitteln.

Verhornt sind eigentlich nur die Spitzen der Fadenpapillen. Mehrere Sekundärpapillen bilden einen gemeinsamen zentralen Krater. Die dem Krater zugewandten Flächen sind unverhornt. Dies ist praktisch, denn wenn sich im Krater abgestorbene Zellen, Speisereste oder auch mikrobielle Organismen ansammeln, hat die Immunabwehr relativ kurze Wege.

Abb. 9
Fadenpapille

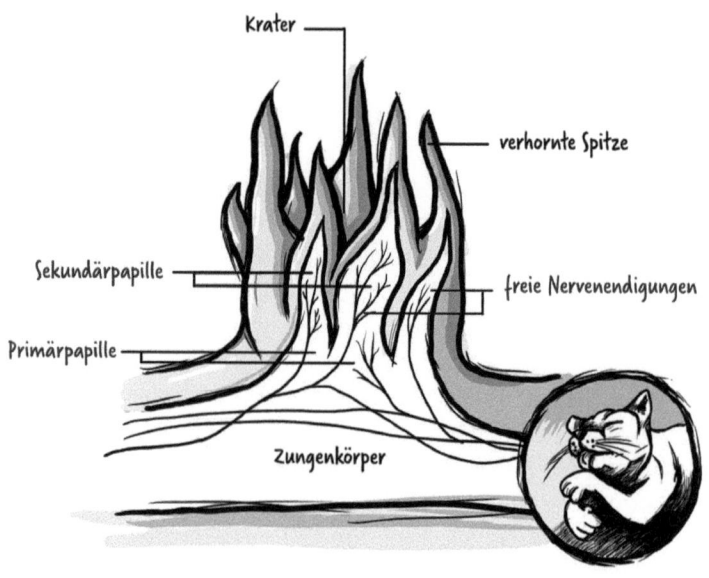

Indem die Fadenpapillen durch die Nahrung ausgelenkt werden, biegt sich auch das dünne Nervenendstück und leitet so einen Impuls weiter. Die Summe all dieser registrierten Reize ergibt eine dem Gehirn wie aus vielen Mosaiksteinchen zugeführte Information über den Härtegrad bzw. die Konsistenz des Mundinhaltes. Der Mund beziehungsweise die Zunge ist ein Tastorgan!

Im Prinzip gilt ähnliches für dort liegende freie Nervenden, die als Temperaturfühler dienen.

Während das Kauens erhält unser Gehirn von den Sensoren der Fadenpapillen ständig ein feedback über die Konsistenz und den Zerkleinerungsgrad der Nahrung, während durch die schräg nach hinten verlaufende Ausrichtung sowie die Anordnung der Binnenmuskulatur der Speisebrei fast automatisch in Richtung Schlund transportiert wird.

Die Zungenhärchen schilfern sich übrigens durch die Nahrung ab und werden von ihrer Basis her erneuert. Menschen, die auf einer Intensivstation künstlich ernährt werden müssen, fehlt dieses Abschuppen. Sie entwickeln regelrecht haarige Zungen. Nicht ganz so beeindruckend, aber immerhin absolut relevant tritt dieser Effekt bei Menschen auf, die sich überwiegend von weichen Sachen ernähren oder die Nahrung nahezu unzerkaut verschlingen.

Je länger nun die fadenförmigen Papillen sind, umso tiefer ist logischerweise der zentrale Krater. Dies führt zu einer erheblichen Zunahme von »Müll«, der sich dort einlagert: Zellreste, Nahrungsüberbleibsel, Speichelproteine und natürlich Bakterien, die sich über diese leckere ökonomische Nische freuen.
Tatsächlich ist die Gesamtzahl an Mikroorganismen und *bakterieller Matrix* (Plaque bzw. Biofilm) auf der Zunge um ein Vielfaches höher als beispielsweise am Zahnfleischrand. Dort aber betreiben wir mit Zahnbürste, Zwischenraumbürsten und Zahnseide einen Heidenaufwand, um die Plaque zu eliminieren, während sich die Bakterienkollegen im Krater einen Ast abfreuen, dass gerade dort nicht gesäubert wird.

Als Schlussfolgerung drängt sich aus dieser Erkenntnis der Vorschlag auf, öfter mal etwas Festes zu essen (und auch zu kauen!), gerne Rohkost, und für wirklich schmales Geld einen Zungenreiniger zu erwerben (und auch zu benutzen!).

Da die Fadenpapillen durch Farbstoffe aus Kaffee, Tabak, Rotwein, Blaubeeren oder Medikamenten stark einfärben können, was zu einer beeindruckenden Veränderung der Oberfläche führt, empfiehlt sich auch hier der Zungenschaber als schnelle und gründliche Hilfe.

Übrigens ist natürlich mit der enormen Menge von »Müll« in den Kratern der Fadenpapillen (und in den zahlreichen Zwischenräumen der Zungenpapillen) nicht selten Mundgeruch verbunden. Zwei absolut empfehlenswerte Maßnahmen gegen Mundgeruch sind also: gesund essen und Zungenreiniger benutzen.

So einfach ist das manchmal. Und so ganz nebenbei haben Sie jetzt schon die Investition in dieses Buch wieder reingeholt, wenn Sie auf die teure Mundgeruchsanalyse ihres Zahnarztes verzichten können. Ihre Umgebung kann Sie dann natürlich auch besser »riechen«. Und wenn Sie Ihre Geschmacksknospen ab und zu mal freilegen, funktionieren die ganz bestimmt auch besser.

Pilzpapillen

Die zweithäufigste Papillenart ist die pilzförmige Papille, die als *fungiform* bezeichnet wird. Grund für diese Bezeichnung ist natürlich ihr entsprechend charakteristisches Aussehen. Ganz entgegengesetzt zum zentralen Krater der Fadenpapille verfügt die Pilzpapille über einen ringförmigen Graben, der außen von einem Wall begrenzt wird. Das Epithel entlang dieses Grabens ist nicht verhornt, während der Pilzkopf keratinisiert ist. Genau hier sitzen auch die zuvor beschriebenen Geschmacksknospen (Abbildung 10).

Unter anderem auch für deren Aktivität ist natürlich eine gute Durchblutung sinnvoll, die als kleines Gefäßknäuel zentral

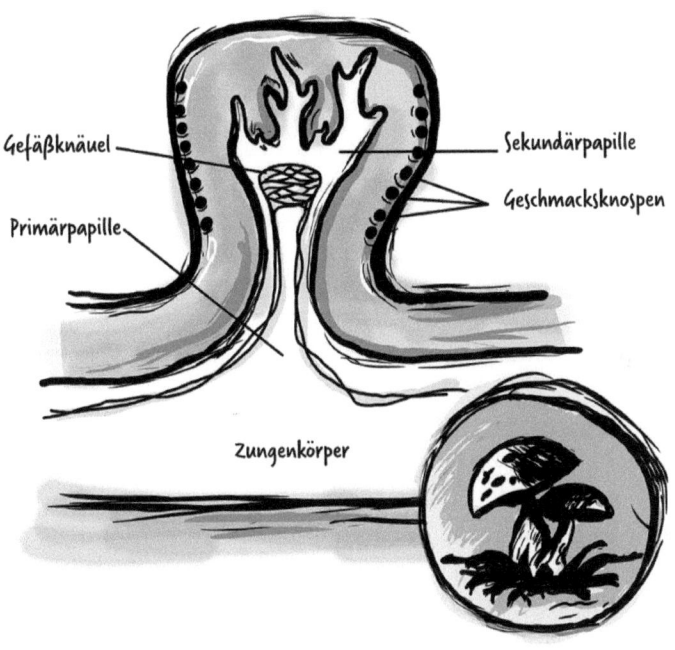

Abb. 10

Pilzpapille

Gefäßknäuel

Sekundärpapille

Geschmacksknospen

Primärpapille

Zungenkörper

in der Papillenbasis organisiert ist. Dieses Gefäßknäuel kann man übrigens mit bloßem Auge als kleinen roten Punkt erkennen.

Bei einer Scharlach-Infektion treten diese roten Punkte stärker hervor, während sich gleichzeitig ein weißlicher Belag in den Gräben rundherum bildet. Dies ergibt dann das Bild der für Scharlach charakteristischen Himbeerzunge. Man sagt deswegen auch »scharlachrot«.

Die pilzförmigen Papillen sitzen auf demselben Leistenrelief wie die Fadenpapillen und sind unregelmäßig zwischen diese eingestreut. Im Bereich der Zungenspitze beträgt ihre Dichte ca. 90 pro Quadratzentimeter. Dort wird übrigens verstärkt die Geschmacksqualität »süß« empfunden. Im Bereich des Zungenrückens nimmt die Dichte etwa um die Hälfte ab, an seinen Rändern schmecken wir eher »salzig«.

Wie zuvor schon festgestellt, kann im Prinzip jede Papille jede Art Geschmack empfinden. Nicht alle Pilzpapillen tragen jedoch Geschmacksknospen. Je mehr sie allerdings von ihnen besitzen, umso variabler sind die Geschmacksqualitäten.

Wallpapillen

Die dritte Papillenart kann man fast problemlos mit dem bloßen Auge erkennen, wenn man nicht zu empfindlich auf der Zunge ist. Diese größten unserer Papillen sind ca. 1mm hoch und haben einen Durchmesser von 2-3mm. Von diesen Dickschiffen gibt es nur etwa 8-10 Stück, die am Vorderrand des V-förmigen Grabens zwischen Zungenkörper und Zungenwurzel sitzen. Weil sie einen beeindruckenden Wall bilden, heißen sie auch ganz kreativ Wallpapillen (*Papillae vallata*).

Die Wallpapillen sind vom Aufbau zu groß geratene Pilzpapillen, besitzen einen umgebenden Graben, haben eine vollständig keratinisierte Oberfläche und Geschmacksknospen, die vorrangig »bitter« weiterleiten. Ihre Besonderheit sind die in ihrer Basis angesiedelten Speicheldrüsen, die nach ihrem Entdecker »*Ebnersche Spüldrüsen*« genannt werden. Gut zu erkennen in Abbildung 11.

Anders als die meisten kleinen Einzel-Speicheldrüsen der

Mundschleimhaut produzieren die Ebner-Drüsen ausschließlich dünnfließenden, sogenannten serösen Speichel, der eine gute Spülfunktion hat. Erstaunlich für diese Lokalisation so weit hinten, aber durchaus sinnvoll: einmal wegen der guten Selbstreinigung, denn eine mechanische Reinigung der Wallpapillen durch Zungenschaber oder Rohkost ist eher etwas für Hartgesottene. Zum anderen ist auch der Speichel an der Geschmacksentwicklung beteiligt. Und so weit hinten kommt einfach nicht mehr genug davon an.

Abb. II

Wallpapille

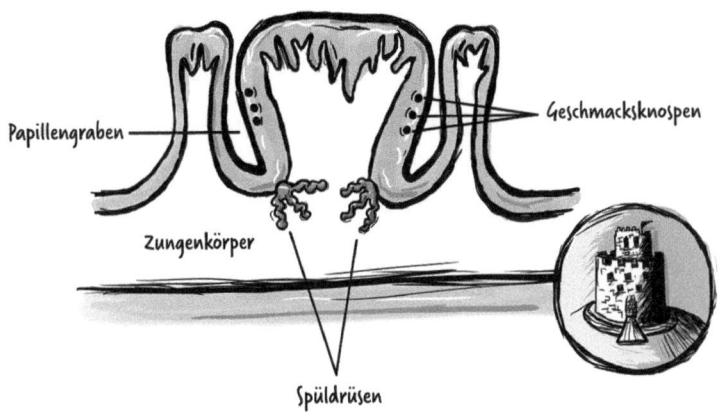

Blattpapillen

Last not least zieren die blattförmigen Papillen (*foliatae*) die Zungenoberfläche, besser gesagt ihren Rand. Denn ausschließlich dort befinden sich die 8-15 Schleimhautfalten, der diese Papillen ihren Namen verdanken, wie auf Abbildung 8 zu erkennen.

Sie sind nicht sehr deutlich ausgeprägt, besitzen nur wenige Geschmacksknospen, die sich zudem im Laufe des Lebens immer mehr zurückbilden und spülen etwas dünnflüssigen Speichel heraus.

Diese nicht wirklich wichtigen Papillen sind bei anderen Säugetieren, wie beispielsweise Kaninchen, stärker ausgeprägt und gelten beim Menschen bestenfalls als evolutionäres Überbleibsel.

Im Hinterzimmer

Obwohl der Zungengrund eigentlich im Rachen liegt und daher schon etwas außerhalb des Vollmundes, soll sie wenigstens der Vollständigkeit halber erwähnt werden.

In diesem hinteren Drittel der Zunge befindet sich hauptsächlich sogenanntes lymphatisches Gewebe, vielleicht besser bekannt als »Zungenmandeln«. Große zerklüftete Areale in diesem Abschnitt der Zunge ähneln dem seitlich benachbarten Rachenmandelring, der zirkulär den Eingang zu Speise- und Luftröhre bewacht. Ab hier beginnt nun endgültig das Körperinnere.

Zusammenfassung

Sprechen, Tasten, Essen und Trinken, die Reinigung von Zähnen und Zahnfleisch, Befeuchtung der Lippen, Geschmack und auch die Beteiligung an erotischen Signalen sind essentielle, wenn nicht sogar überlebenswichtige Aufgaben des Vollmund-Zentralorgans.

Wie so oft wird die Bedeutung der Zunge für unser Wohlbefinden erst dann offenkundig, wenn Erkrankungen oder andere Beeinträchtigungen zu einer Verschlechterung der Lebensqualität führen.

Auch wenn nicht wenige internistische Erkrankungen Ursachen für Zungenveränderungen sein mögen und die Zunge somit dann quasi nur der Überbringer schlechter Nachrichten ist, sollten wir uns ein wenig mehr um sie kümmern:
    Eine tägliche Zungenreinigung ist wohl das effektivste, was man zur Mundhygiene beitragen kann.

Schädigende Einflüsse wie Rauchen, hochprozentige Alkoholika oder Selbstverletzungen durch Piercings oder scharfe Kanten an Zähnen oder Zahnrestaurationen, aber auch Stressverarbeitung durch übermäßiges Zungenpressen, sollten vermieden werden.

Und warum nicht einmal ein paar Koordinationsübungen – Zungenyoga?

Schärfen Sie Ihre Sinne durch den bewussten Genuss interessanter Speisen und Getränke. Trainieren Sie Ihre Geschmacksknospen und Geschmacksnerven!

Nachdem Sie Ihre Zunge nun ein wenig besser kennengelernt haben und ganz bestimmt ihren 24/7-Einsatz für Sie zu schätzen wissen, sollte doch irgendeine dieser Gratifikationen für Ihre Zunge drin sein!

Angesichts dieses multitalentierten, hochwichtigen und unverzichtbaren Teils unseres Körpers ist es etwas erstaunlich, dass das demonstrative Zeigen der Zunge negative Emotionen wie Abscheu oder Verachtung zum Ausdruck bringt, aber auch dafür ist die Zunge eben zu gebrauchen. Einsteins Ansichten zum Verhalten der Menschen sind ja überliefert.

3   Gaumenfreude

Die Geschichte des Gaumens ist eine Geschichte voller Missverständnisse, möchte man fast kalauern, wenn man sich seinen sprachlichen Gebrauch einmal vergegenwärtigt:

Ein kleiner etymologischer Exkurs darf also an dieser Stelle
unserer Tour – an der wir uns gewissermaßen zur Decke strecken – nicht fehlen: *Gaumenschmaus, Gaumenfreuden* oder
Gaumenkitzel sind bekannte Umschreibungen für den Genuss
von wohlschmeckenden Speisen oder Getränken.

Sprachverwandtschaftlich ist dem Wort »Gourmet« und dem
Begriff »Gaumen« eine gewisse Verwandtschaft zwar nicht
abzusprechen:
   Das Wort »Gaumen« leitet sich schließlich etymologisch vom
althochdeutschen *goumo* ab, und auch in einigen nordeuro-
päischen Sprachen findet sich dieser Wortstamm (altenglisch
goma, altnorwegisch *gomr*, schwedisch *gom*, isländisch *gómur*).

Aber ist der Gaumen wirklich der Ort guten Geschmacks? Oder
besser gesagt, guten Schmeckens?

Schmecken respektive der Geschmackssinn findet eigentlich hauptsächlich über die Zunge statt, wie wir im vorangegangenen Kapitel gesehen haben. Dort sind die meisten
Geschmacksknospen lokalisiert und auch die zuständigen
sensorischen Anteile der entsprechenden Hirnnerven melden
vorwiegend aus der vorderen Zunge. Der Gaumen ist allenfalls ein Hilfsschmecker, quasi ein Geschmacksassistent.
   Lediglich in der hinteren Gaumenregion – am Übergang
vom harten Gaumen zum weichen Gaumensegel finden sich
auch einige wenige Sensoren für die Geschmacksqualitäten
süß, sauer, salzig, bitter und umami.

Es ist also aus anatomisch-physiologischer Sicht nicht wirklich nachvollziehbar, warum der Genuss von Köstlichkeiten mit dem Gaumen und nicht mit der überwiegend dafür zuständigen Zunge in Verbindung gebracht wird. Vielleicht liegt der Grund doch im gemeinsamen Sprachstamm?

In der Medizinersprache Latein heißt der Gaumen *Palatum*. Und ähnliche Bezeichnungen finden sich entsprechend eher im südeuropäischen Sprachraum (französisch palais, italienisch, spanisch oder portugiesisch: palato). Der Zahnarzt spricht von »palatinal«, wenn er dem Gaumen zugewandte Flächen beschreibt.

Was hat der Gaumen aber eigentlich für einen Sinn? Wofür brauchen wir ihn? Wenden wir uns zur Klärung dieser Fragen erst einmal seiner Anatomie zu.

Die obere Begrenzung der Mundhöhle ist zunächst einmal eine recht unspektakuläre Kuppel, die aus zwei völlig unterschiedlichen Anteilen, dem knochenunterlegten harten Gaumen vorne sowie dem muskulär basierten weichen Gaumen mit Gaumensegel ganz hinten im Mund besteht.

Der harte Gaumen ist wie ein Gewölbedach nach oben ausgeformt und trägt so natürlich zur Begrenzung der Mundhöhle bei. Sein nach unten weisender und nach hinten offener, hufeisenförmiger *Alveolarfortsatz* trägt die Oberkieferbezahnung und bildet damit maßgeblich den *Oberkiefer*.

Die Bedeckung des harten Gaumens besteht aus sehr fester, vergleichsweise harter Mundschleimhaut. Im vorderen Bereich, knapp hinter den Schneidezähnen haben wir Menschen einige paarweise angeordnete Verdickungen, die sogenannten Gaumenquerfalten (Abbildung 12). Bei anderen Säugetieren wie Hunden, Katzen oder Pferden besteht der gesamte harte Gaumen aus solchen »Falten« und sieht aus wie ein Waschbrett.

Diese Querfalten sind sehr hilfreich bei der Nahrungszerkleinerung und funktionieren tatsächlich nach dem Waschbrettprinzip: durch den Gegendruck der Zunge von unten wird die Nahrung über den etwas erhabenen Falten fixiert und zerquetscht. Es ist tatsächlich absolut möglich, etwas weichere Nahrung auf diese Weise zu zerkleinern! Und wenn Sie einmal sehr bewusst eine schöne Vollkorn-Stulle zerkauen, dann werden Sie feststellen, dass eben dieses Funktionspaar, nämlich Zungenspitze und vorderer Gaumen wunderbar kooperieren.

Abb. 12

Gaumen

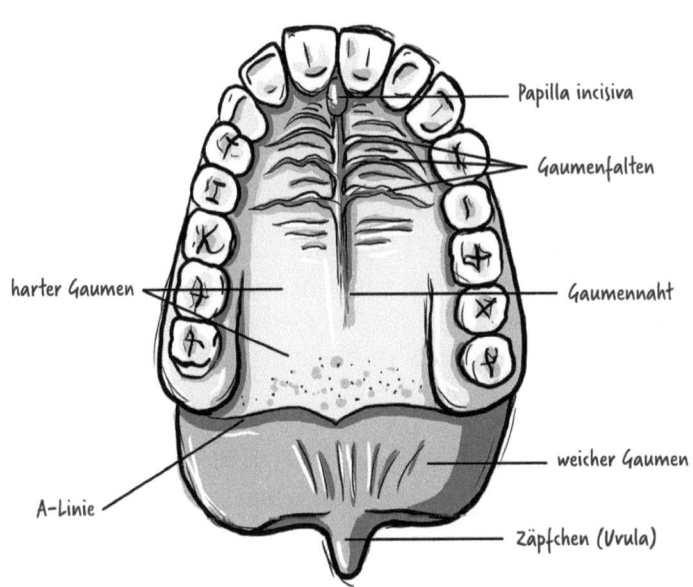

harter Gaumen

A-Linie

Papilla incisiva

Gaumenfalten

Gaumennaht

weicher Gaumen

Zäpfchen (Uvula)

Wie wir in Kapitel 10 sehen werden, ist dieser vordere Teil des Gaumens an der Lautbildung beteiligt.

Günstig für die Vorbereitung des Speisebreis sind natürlich auch die vielen kleinen Einzelspeicheldrüsen, die in der gesamten Gaumenschleimhaut verteilt sind, eher schleimigen Speichel (siehe Kapitel 4) produzieren und dadurch dafür sorgen, dass die Nahrung eingespeichelt wird. Sie rutscht dann geschmeidig nach hinten, wo sie gemeinsam vom Funktionspaar Zungenrücken und hinterer Gaumen in Richtung Speiseröhre transportiert wird.

Diese lebenswichtige Funktion des Gaumens – Kooperationspartner der Zunge bei der Nahrungsverarbeitung und Abdichtung der hinteren Nasenhöhle – klingt eher nicht nach Gourmettempel-Hedonismus, sondern vielmehr nach ehrlicher Maloche. Wie gesagt, eine Geschichte voller Missverständnisse ...

Ganz vorne am harten Gaumen befindet sich mittig hinter den Schneidezähnen noch eine kleine ovale Schleimhaut-Erhebung, die sogenannte *papilla inzisiva* (Abbildung 12). In ihr münden einige Nerven und Blutgefäße in den vorderen Gaumen. Daher ist dieser Bereich sehr sensibel, was man besonders dann zu spüren bekommt, wenn man sich einmal an einem zu heißen Getränk verbrüht hat.

Tatsächlich handelt es sich bei dieser Struktur um die Abdeckung eines knöchernen Verbindungskanals zwischen Mund und Nase.

Die Nasenhöhle liegt über der Mundhöhle. Und der Gaumen ist gewissermaßen die Zwischendecke. Da die Oberkieferseitenzähne nicht selten in unmittelbarer Nähe zu einer Nasennebenhöhle, nämlich der Kieferhöhle, stehen oder sogar mitunter in diese hineinragen, gibt es zwangsläufig immer mal wieder Wechselbeziehungen zwischen diesen Zähnen und der Kieferhöhle.

Bei einer starken Grippeinfektion mit dichtgeschwollenen Nebenhöhlen kann es durchaus sein, dass ein oder mehrere Oberkiefer-Seitenzähne schmerzen. Umgekehrt kann ein abgestorbener »Nerv« eines Oberkieferzahns auch eine Entzündung der Kieferhöhle verursachen.

Die Mundhöhle ist »Außenwelt«

Die somit eigentliche Mundhöhle wurde ja schon im vorangegangenen Kapitel topografisch eingegrenzt.

An dieser Stelle möchte ich aber darauf hinweisen, dass die Mundhöhle eigentlich »Außenwelt« ist. Auch wenn man die Lippen sicherlich als Verschluss einer Körperöffnung ansehen mag, so ist die Mundhöhle eben nicht wirklich Körperinneres – anders als die Nasenhöhle, Kieferhöhle oder die Paukenhöhle des Ohres (um nur einmal einige andere Höhlensysteme des Kopfes als Vergleich heranzuziehen). Rufen wir uns noch einmal unsere Wanderkarte in Erinnerung:

Die Lippen als vorderster Verschluss der »Körperöffnung Speise-/Luftröhre« sind in gewisser Weise schon ein Schutz für die Mundhöhle. Aber sie sind natürlich keine hermetische Abdichtung gegen mikrobielle Erreger oder unerwünschte mit der Nahrung aufgenommene Stoffe. So gesehen ist die Mundhöhle gewissermaßen die zweite Instanz bei der Auseinandersetzung mit Eindringlingen.

Die Unversehrtheit von Mundschleimhaut und Zähnen und die entsprechenden körpereigenen Abwehr- und Reparaturmechanismen dieser Strukturen sind essenziell für die Integrität der Körperoberfläche und daher schlüssige Kriterien bei der Einstufung der Mundhöhlenauskleidung als Körperoberfläche.

Und auch für das Verständnis und die Indikationsstellung zahnärztlicher Interventionen ist es hilfreich, sich zu vergegenwärtigen, dass Mundhöhle ein innenliegender Außenbereich ist.

Interessanterweise bildet sich diese Topografie auch ganz plastisch in einigen anatomischen Bezeichnungen ab. Beispielsweise heißt der (Vor)Raum zwischen Lippen bzw. Wangen und Zahnreihen bzw. Kiefer *Vestibulum*. Ein »Vestibül« ist eine etwas in die Jahre gekommene Bezeichnung für Vorhalle.

Abb. 6
Mundhöhle

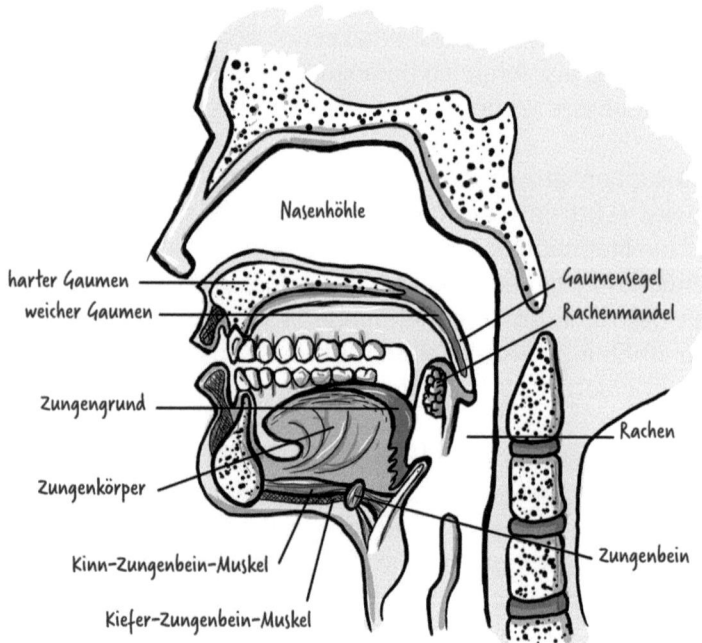

Das Gaumensegel

Die Aufgaben des weichen Gaumens, an dessen Ende die *Uvula*, das sogenannte Zäpfchen (vergleiche Abbildung 1) hängt, hatten wir ja schon im Zungenkapitel angesprochen. Hauptsächlich geht es um Abdeckung, um einen Verschluss des hinteren Nasenraumes, zum Beispiel beim Schluckakt. Indem es sich beim Schlucken nach oben klappt, verhindert das Gaumensegel, dass Speisen und Flüssigkeiten in die Nase gelangen.

Logischerweise benötigt das Gaumensegel für diese Bewegung Muskeln. Die Binnenmuskulatur des Gaumensegels ist praktischerweise neuronal an die Muskulatur der Zunge gekoppelt. Versuchen Sie doch mal, das Gaumensegel zu bewegen: es geht fast nur, wenn sich die Zunge in irgendeiner Weise auch anspannt oder bewegt. Oder anders gesagt, wenn man schluckt.

Der weiche Gaumen ist ein Ventilverschluss. Nützlich beim Schlucken, Riechen, Sprechen und Gähnen. Auf das Gähnen gehen wir gleich noch näher ein.

Obwohl Muskelzellen sich fortwährend regenerieren und nicht älter als 15 Jahre alt werden, kann es sein, dass das Gaumensegel mit zunehmendem Lebensalter etwas erschlafft oder länger wird. Dies kann dann bei entsprechender Entspannung ein Flattern im Atemstrom verursachen, zum Beispiel wenn man im Schlaf schnarcht.

Operative Korrekturen des Gaumensegels sind aber eine nicht ganz unproblematische Angelegenheit: was weg ist, ist weg – und mit einem zu kurzen Gaumensegel läuft beispielsweise beim Biertrinken Schaum aus der Nase. Das ist wenig sexy. Auch andere Getränke fühlen sich in der hinteren Nasenhöhle zwar möglicherweise recht prickelnd, aber mit großer Wahrscheinlichkeit eher deplatziert an.

Es gibt bessere Möglichkeiten, das Schnarchen zu behandeln als das Skalpell oder der Laser. Spezielle Zahnschienen von weitergebildeten Zahnmedizinern stellen eine bessere Alternative dar. Seit einigen Jahren hat sich sogar eine Fachgesellschaft gegründet, die sich (unter anderem) wissenschaftlich mit der Behandlung des Schnarchens und der Apnoe beschäftigt.

Und was ist mit dem Zäpfchen? Dieses drollige kleine Anhängsel, das Comiczeichner so gerne ihren schreienden oder gähnenden Figuren verpassen? Die *Uvula* besitzt zwar einen rudimentären Kleinstmuskel, fällt aber unterm Mikroskop eher durch ihr lymphatisches Gewebe auf. Somit ist unser »Zäpfchen« tatsächlich Teil des sogenannten lymphatischen Rachenrings und damit ein Teil der Infektpolizei.

Apropos Gähnen, ich möchte Sie auf eine kleine »Extratour« entführen:

Gähnen – das Mysterium der Chasmologen

Die Wortherkunft des Begriffs Gaumen »*goumo*« steht auch für Rachen und Schlund, was ja ganz gut zu verstehen ist, wenn wir berücksichtigen, dass ja ab hier das Körperinnere beginnt. Verwandt ist dieser Wortstamm mit dem althochdeutschen »*gin*« = Rachen, erkennbar auch im Wort »*ginen*« oder eben »gähnen«.

Schon in der griechischen Mythologie entsprang der gähnenden *Nyx* das Chaos. Man nahm an, dass beim Gähnen die Seele aus dem Körper entweichen könne.
Dieser Aberglaube wurde – möglicherweise völlig unabhängig von den Menschen in der Antike – auch von Kelten oder Mayas geteilt.

Im Mittelalter glaubte man in Europa nicht nur, dass die Seele beim Gähnen den Körper verlassen könne, sondern befürchtete auch, dass in umgekehrter Richtung der Teufel und Dämonen eindringen könnten. Daher empfahl man vorbeugend, sich einfach die Hand vor den Mund zu halten.

Wahrscheinlich hatte diese Sitte auch praktischen Nutzen. Denn Zähne und Zahnfleisch waren zu damaligen Zeiten wahrscheinlich in eher ungepflegtem Zustand. Somit war es dann rücksichtsvoll gegenüber seinen Mitmenschen, den stinkenden Atem (*foetor ex ore*) mit der Hand etwas zurück zu halten.

Wie wir wissen, beschäftigte das reflexartige weite Öffnen des Mundes, das ja mit einem starken Ein-und Ausatmen verbunden ist, auch schon damals Theologen, Philosophen und Naturwissenschaftler:

Gaius Plinius Secundus beschrieb in seiner *Historia Naturalis* (um 77 n. Chr.): »*das Gähnen während der Geburt ist tödlich, so wie das Niesen nach dem Beischlafe einen Abortus bewirkt*«.

Der italienische Kleriker und Dichter *Giovanni Della Casa* (1503-1556) legte in seinem Werk *Der Galatea oder Von den Sitten* – das in Italien in etwa einen ähnlichen Stellenwert besaß wie heutzutage der deutsche »Knigge« – fest, dass die »Unsitte« des Gähnens zu vermeiden sei, »*schließlich zeigt das Gähnen nicht nur, dass wir der anwesenden Gesellschaft wenig gewogen sind, sondern es wirft auch ein schlechtes Licht auf uns selber. Es sieht aus, als wären wir schläfrig und müden Geistes, was uns nicht eben liebenswürdig macht für diejenigen, mit denen wir umgehen.*«

Auch am andern Ende der Welt wurde das Gähnen in Gegenwart anderer als ungebührlich angesehen. Der Zen-Mönch und Samurai *Tsunemoto Yamamoto* (1659-1719) empfahl in seinem Werk *Hagakure* (quasi der japanische »Knigge«): »*bei einem unerwarteten Gähnen reibe deine Stirn mit der Hand von unten nach oben, was normalerweise genügt, um ein Gähnen zu unterdrücken. Wenn das nicht funktioniert, verberge das Gähnen vor anderen [...]*«

Knigge gähnte auch, sprach aber nicht drüber

Der nun schon mehrfach erwähnte Niedersachse *Adolph Freiherr Knigge* (1752-1796) ging in seinem 1788 erschienen Werk *Über den Umgang mit Menschen* übrigens nicht auf das Gähnen ein. Dies könnte vielleicht daran gelegen haben, dass sein berühmtes Buch (anders als heute gemeinhin angenommen) kein Benimm-Ratgeber war, sondern ein von der Aufklärung geprägtes Regelwerk für die menschliche Gesellschaft. Es impliziert nicht weniger als ein »*System, dessen Grundpfeiler Moral und Weltklugheit sind*«.

Gähnen war *Knigge* also keine Erwähnung wert. Möglicherweise hatte er in dem zehn Jahrzehnte zuvor erschienenen Ratgeber *Von der Gesundheit der Gelehrten* des Schweizer Arztes *Samuel Auguste Tissot* (1728-1797) geblättert, in dem vor dem starken Konsum von Tee u.a. gewarnt wurde, da dieser „*Blödigkeiten. Gähnen und Übelkeiten*« verursachen könne.

Tissot war vor allem durch sein 1760 erschienenen Bestseller *L'Onanisme* bekannt geworden war. Auch die deutsche Übersetzung mit dem Titel *Versuch von den Krankheiten, welche aus der Selbstbefleckung entstehen* hatte große Aufmerksamkeit erzeugt. Sollte Knigge die Werke *Tissots* gelesen haben, mag es sein, dass er das Gähnen als schlicht zu profan und als eher zu sehr körperliche Angelegenheit ansah, um es in den Kontext von »Moral und Weltklugheit« zu stellen.

Es ist eine interessante Beobachtung, dass knapp einhundert Jahre später das Gähnen wiederum von einem Philosophen erörtert wurde.

Kein Geringerer als *Arthur Schopenhauer* (1788-1860) vermutete im Gähnen eine »*Reflexbewegung*«, welche »*in letzter Instanz aus einem Deficit an Sensibilität entsteht*« und »*seine entferntere Ursache*« in »*Langeweile, Geistesträgheit oder Schläfrigkeit*« habe.

Ob Aberglaube, Medizin oder Philosophie: bis heute ist das Gähnen tatsächlich immer noch nicht vollständig erforscht.

Wegweisende *Chasmologen* – so nennt man »Gähnforscher« – wie die US-Amerikaner *Joseph Moore* (1864-1950) und *Robert Provine* (geb 1943), der Schweizer Neurologe *Adrian Guggisberg* oder der französische Veterinär *Bertrand Deputte* (um nur einige zu nennen) haben zwar jede Menge durch Experimente gesicherte Erkenntnisse publiziert, aber noch keine vollständige Erklärung für dieses Phänomen geliefert, das unter anderem Vögel, Fische, Schildkröten und natürlich alle Menschen aufweisen. Man konnte sogar zeigen, dass schon Kinder im Mutterleib gähnen.

Jeder Mensch gähnt durchschnittlich zehnmal pro Tag, im Laufe seines Lebens rund 292.000mal, am häufigsten kurz vor oder nach dem Schlaf. Ein so häufiges und omnipräsentes Phänomen muss doch irgendeine sinnvolle Funktion besitzen. Andernfalls hätte die Evolution es ja beseitigt.

Es ist daher nicht verwunderlich, dass das Gähnen die Forscher, Philosophen und Priester seit der Antike bis heute sprichwörtlich in Atem gehalten hat.

Sieben Thesen über das Gähnen

Viele Mythen, Vermutungen und Hypothesen begleiten das Gähnen. Die bekanntesten seien hier kurz dargestellt:

These 1: Gähnen erhöht den Sauerstoffgehalt des Blutes. Einfach zu widerlegen! Ein Laufsportler zum Beispiel hat zwar einen erhöhten Sauerstoffbedarf und atmet schneller – er gähnt aber während seiner Aktivität nicht.

These 2: Das Gähnen verhindert das Einschlafen.

Probanden, die beschäftigungslos in einem dunklen Raum saßen, ermüdeten und mussten dabei zwar auch gähnen. Mess-Parameter wie hirnelektrische Aktivität, Hautspannung oder vegetative Zeichen wie Pulsschlag oder Blutdruck zeigten keine Hinweise darauf, dass das Gähnen etwa wieder munter machte.

These 3: Gähnen kühlt das Gehirn.

Bisher ist diese Theorie nicht eindeutig be- oder widerlegt. Zwar weisen einige Tests an Versuchstieren auf eine gewisse Verbindung zwischen Thermoregulation, Hirntemperatur und Gähnen hin. Jedoch erklären diese Forschungsergebnisse nicht kausal, warum zum Beispiel Fische oder Föten gähnen.

These 4: Gähnen gleicht den Innen-und Mittelohrdruck aus.

Zutreffend ist, dass dies bei einer rasanten Berg-und Talfahrt oder einer Flugreise funktioniert. Aber die Evolution dürfte vor zigtausend Jahren wohl kaum Autos oder Flugzeuge berücksichtigt haben.

Und Hunde, Pferde und Schildkröten gähnen schließlich auch, obwohl sie selten Flugzeuge benutzen.

These 5: Gähnen hilft uns, mit psychischer Spannung umzugehen.

Tatsächlich konnte bei Fallschirmspringern, die im Flugzeug saßen, kurz vor dem Absprung eine erhöhte Gähnfrequenz festgestellt werden.

Auch vor Prüfungen, Vorstellungsgesprächen oder sportlichen Herausforderungen werden Spannungen anscheinend durch Gähnen abgebaut – oder um sein Erregungsniveau zu halten, wie *Bertrand Deputte* vermutet.

These 6: Gähnen ist eine Art der Kommunikation.

Zwar ist diese soziale Hypothese noch nicht an Menschen untersucht worden, aber dafür umso beeindruckender an Makaken.

Der Verhaltensforscher *Deputte* fand heraus, dass Männchen häufiger gähnen als Weibchen (was beim Menschen definitiv nicht so ist) und dass auch die Rangfolge in der Gruppe eine Determinante darstellt: Das Alphamännchen gähnt öfter als alle anderen Tiere im Rudel.

Diese nonverbale Kommunikation könnte die Hierarchie, den Schlaf-Wach-Rhythmus und die aktuelle Sicherheitslage der Gruppe regeln.

Jedenfalls beobachtete *Deputte*, dass das Gähnen seiner Probanden quasi synchronisiert war. Somit kommen wir zu der bekanntesten Annahme.

These 7: Gähnen steckt an.

Wie Funktions-MRT (die man als »Gehirn-Scans« bezeichnen könnte) zeigen, werden bei Personen, die deswegen gähnen, weil sie andere Menschen gähnen sehen oder hören (das funktioniert in der Tat auch bei Blinden und Gehörlosen), die gleichen Gehirnareale aktiviert, wie wenn sie sich mitfühlend verhalten.

Diese empathische Hypothese funktioniert übrigens säugetierübergreifend. Einzig *Autisten* ließen sich in entsprechenden Experimenten nicht anstecken, obgleich sie selbst natürlich auch gähnen müssen.

Jede dieser letzten drei Theorien hat interessante Ansätze. Man erkennt ohne Zweifel *Korrelationen* – ohne jedoch zwingende *Kausalität* nachweisen zu können. Genau dieser Konflikt ist in der Medizin und Zahnmedizin aber nicht ungewöhnlich, sondern eigentlich völlig normal!

Gähnen als Zwangsentspannung?

Ich selbst vermute, dass das Gähnen ein antagonistischer, also gegengerichteter Bewegungskomplex zum Kieferpressen ist.

Bruxismus, den viele nur als festes Pressen oder Knirschen mit den Zähnen kennen, wird heutzutage sowohl als eine »übermäßige, sich wiederholende Kaumuskelaktivität« angesehen als auch als schlafbezogene Bewegungsstörung mehrerer, über das Kauorgan hinaus reichender Muskelgruppen betrachtet. Bruxismus tritt tagsüber oder nachts auf und kann in allen nur denkbaren zeitlichen Ausprägungen vorliegen. Daher ist er natürlich per se keine Krankheit, sondern zunächst einmal eine Normabweichung.

Es ist im Menschen als *archaisches Reaktionsmuster* angelegt, bei Gefahr den Kopf einzuziehen, indem man die Nacken- und Rückenmuskulatur anspannt und die Schultern hochzieht. Man muss sprichwörtlich, die »Zähne zusammenbeißen« oder sich »durchbeißen«. Man macht sich kompakt und fest, um der herannahenden Gefahr zu trotzen. Das ist natürlich anstrengend.

Daher wäre es doch denkbar, dass uns die Evolution mit einer Art Gegenbewegung ausgestattet hat, um diese wichtigen Muskelpartien zu entspannen und funktionstüchtig zu erhalten.

Beobachten Sie sich einmal selber: Beim Gähnen müssen Sie die Kiefer öffnen. Und wenn Sie dies unterdrücken möchten, weil Sie gerade keine Hand frei haben oder dem Gegenüber Ihre Müdigkeit, Langeweile oder Anspannung nicht zeigen möchten, fängt Ihre Kaumuskulatur regelrecht zu zittern an.

Außerdem spüren wir beim Gähnen nicht selten das Verlangen uns zu recken und zu strecken. Nach einer langen, anstrengenden Autofahrt beispielsweise. Damit dehnen wir unsere verspannte Nacken-, Schulter- und Rückenmuskulatur.

Ich halte es nicht für abwegig, dass die Evolution das Gähnen als sehr sinnvolles Entspannungsmuster für unsere Muskulatur eingerichtet hat.

Meine persönliche Gähn-Theorie passt als kleines Mosaik-steinchen vielleicht ganz gut in das große ungelöste Puzzle der Chasmologen.

Wenn Sie beim Lesen dieses Kapitels übrigens mehrfach herzhaft gähnen mussten, dann haben Sie also nicht nur Einfühlungsvermögen und Empathie bewiesen oder entspannt verhindert, dass Ihre Seele den Körper verlässt, sondern können auch den praktischen Übungsteil dieses Abschnitts als erledigt betrachten – wozu ich Sie herzlich beglückwünschen möchte!

4 Haben wir ein Sabberproblem? Wir nehmen eine Speichelprobe

Keine richtige Höhle ohne Wasser. Die Wände sind glitschig, es tropft hier und da und einen unterirdischen See gibt es auch, dessen Geheimnisse darauf warten, entdeckt zu werden.

Mit diesem Bild sind wir beim wohl unerwartet wichtigsten Thema dieses Buches angekommen: unserem Speichel.

In den mittlerweile über 25 Jahren meiner Arbeit in den Mundhöhlen unzähliger Patienten ist mir eigentlich immer unterschwellig bewusst gewesen, wie wichtig eine gut durchfeuchtete Mundhöhle für die Zahngesundheit ist. Aber erst während der Recherche zu diesem Kapitel wurde mir richtig klar, wie zentral die Rolle des Speichels sowohl für Zähne und Zahnfleisch als auch für die Gesundheit und damit für das allgemeine Wohlbefinden der Menschen ist.

Er ist nicht nur etwas Sabber, der uns gelegentlich vor die Alternative stellt: spucken oder schlucken.

Er ist kein Exsudat oder Exkrement, das wir zwangsläufig oder lästigerweise loswerden müssen.

Und Speichel ist nicht ersetzbar.

Daher ist dieses Kapitel das vielleicht wichtigste in diesem Buch.

Die Lama-Affäre

Haben Sie sich schon einmal Gedanken über Ihren Speichel gemacht?

Die meisten Menschen empfinden Speichel als eklig, lästig oder gewissermaßen als Abfall. Eben etwas, was ausgespuckt wird. Jemanden anzuspucken, ist eine besonders unangenehme Form der Verachtung und wird nicht nur im Fußball geahndet. Unvergessen die Szene bei der Fußball-Weltmeisterschaft 1990 in Italien zwischen dem Niederländer Frank Rijkaard und Rudi »Käthe« Völler, die als »Lama-Affäre« im kollektiven Gedächtnis deutlich länger haften blieb als die Spucke in Völlers damaliger dunkelblonder Lockenpracht.

Lamas spucken übrigens Mageninhalt, und das dann allerdings zu defensiven Zwecken. Rijkaard war zwar an jenem 24. Juni im Giuseppe-Meazza-Stadion mit der Rückennummer 3 in der Tat Abwehrspieler. Es dürfte sich aber nach genauerer Sichtung der zahlreichen Bilddokumente dieser Szenen bei seiner Spucke eher nicht um Mageninhalt gehandelt haben, sondern um Speichel.

In China gilt Spucken hingegen als reinigend und wohl weder als aggressiv noch als defensiv. Es gehört dort einfach so dazu. Sehr schön liest sich in diesem Zusammenhang eine Erinnerung des großen *Helmut Schmidt*, der in einem Interview mit *Giovanni di Lorenzo* einmal den damaligen chinesischen Staatschef *Deng Xiaoping* für seine Spuckkünste lobte: »*Er musste auch ständig ausspucken; dabei konnte er in einen Spucknapf treffen, der anderthalb Meter von ihm entfernt stand. Das hätte ich nicht gekonnt.*«

Aber selbst in China ist das Spucken wie auch bei uns eher ein Tabuthema. Dort ist es einfach nicht der Rede wert – hierzulande spricht man nicht so gerne darüber. Wir ändern das!

Abb. 13

Der Zaubertrank

Speichel ist eine wertvolle und geradezu magische Flüssigkeit, die in drei großen, paarig seitenweise angelegten Drüsen sowie in ungefähr 7000 Einzeldrüsen gebildet wird, die praktisch über die gesamte Mundschleimhaut verteilt sind

Im Durchschnitt kommen innerhalb von 24 Stunden ein bis anderthalb Liter zusammen.

Das meiste davon wird nach bestimmungsgemäßem Gebrauch heruntergeschluckt und im Magen-Darm-Trakt weiterverwendet, recycelt oder ausgeschieden. Die Produktionsmenge und -geschwindigkeit unterliegt starken circadianen Schwankungen. Nachts kommt der Speichelfluss in bestimmten Schlafphasen fast vollständig zum Erliegen und wir wachen morgens mit einer staubtrockenen Kehle auf.

Tagsüber – und besonders vor einer appetitanregenden Mahlzeit – kommen mit 2-4 ml pro Minute Spitzenwerte zustande. Wir werden später noch sehen, was es mit diesen Schwankungen auf sich hat und wie genial dieses System gesteuert ist.

Speichel besteht zu 99,5 Prozent aus Wasser.

Die übrigen 0,5 Prozent haben es aber in sich und machen aus unserer Mundflüssigkeit einen Zaubertrank, den kein Barkeeper der Welt mixen und keine noch so milliardenschwere Pharmafirma synthetisieren könnte. Und zwar nicht nur wegen der hochkomplexen Zutatenliste, die aus einem Dutzend Elektrolyten, ca. 2000 verschiedenen Eiweißverbindungen und einigen weiteren speziellen Inhaltsstoffen besteht.

Sondern Speichel ist vor allem deswegen magisch, weil er seine Zusammensetzung je nach Situation und Bedarf ändern kann. Wie ein Barkeeper, der schweigend und mitfühlend seinem Gast genau das Getränk auf dem Platz stellt, welches dessen Stimmung entspricht. Es ist aber noch genialer: Eigentlich steht der richtige Drink schon auf dem Tresen, noch bevor der Gast überhaupt die Bar betreten hat.

Denn unser Körper, genauer gesagt unser autonomes Nervensystem, komponiert den Speichel schon, bevor er eigentlich benötigt wird. Zumindest, wenn es um den Teil seiner Aufgaben geht, der wohl jedem bekannt ist, dem vor dem Essen schon einmal das Wasser so richtig im Munde zusammengelaufen ist. Na klar, Speichel wird zur Verdauung gebraucht; besser gesagt zur Vorverdauung. Wir schauen da gleich mal drauf, versprochen.

Ein halbes Prozent Sensation

Unser Speichel kann aber viel, viel mehr. Eine weitere große Aufgabe stellt seine Schutzfunktion dar. Speichel schützt vor Bakterien, Viren, Pilzen oder Parasiten. Er schützt die Schleimhäute von Wangen, Zunge, Mundboden und Gaumen (sogar die des Rachens und der Speiseröhre) vor Säuren, Verbrennungen oder Verletzungen. Er schützt die Zähne, indem er eine einzigartige Schutzschicht an den Zähnen organisiert – die sogenannte Pellikel. Allein das Wissen über diese winzig dünne Proteinschicht könnte Ihr Leben und vielleicht auch die Beziehung zu Ihrem Zahnarzt nachhaltig verändern!

Speichel schmeckt! Denn ohne Speichel funktionieren unsere Geschmacksknospen (siehe Kapitel 2) nicht richtig. Es würde Ihnen nichts mehr so schmecken wie gewohnt. Damit trägt Speichel zum Genießen und zur Lebensqualität bei. Und das gilt auch für seine unverzichtbare Rolle beim Sprechen, Küssen oder weniger wichtigen Tätigkeiten wie Briefmarken aufkleben, Buchseiten umblättern und in die Hände spucken, wenn Sie beispielsweise das Bruttosozialprodukt steigern wollen. Oder für die Ermittlung der Windrichtung.

Speichel macht auch gut sauber: Im September 2018 wurden Wissenschaftler aus Portugal von der US-Eliteuniversität Harvard mit dem »Ignoble« (das ist Englisch und bedeutet übersetzt: unwürdig) für ihre Forschungsarbeit über menschlichen Speichel als Putzmittel ausgezeichnet. Die Jury des

»Ig-Nobelpreises«, mit dem das »*Ungewöhnliche gefeiert und das Fantasievolle geehrt*« werden soll, befand deren Erkenntnisse über die Reinigungswirkung von Speichel auf Oberflächen als in der Kategorie Chemie für preiswürdig.

Sofern Sie sich schon einmal in den Finger geschnitten oder sich ihn eingeklemmt haben, haben Sie vielleicht sogar Ihren Finger reflektorisch in den Mund gesteckt. Diese instinktive Maßnahme ist durchaus von Vorteil, da Ihr Speichel Wundheilungsstoffe in Form sogenannter *Wachstumsfaktoren* besitzt. Speichel enthält körpereigene »Schmerzmedikamente«: Das *Opiorphin* beispielsweise ist ein *Endorphin*, das als körpereigenes Opioid schmerzstillende Wirkung besitzt.

Carrier-Karriere

Speichel transportiert Hormone wie *Kortisol, Testosteron, Östradiol, Progesterone, Melatonin*, aber auch Medikamente, scheidet Schad- und Giftstoffe wie *Harnstoff* oder *Ammoniak* aus und enthält sogar Blutgruppeninformationen, da er aus dem *Blutplasma* entsteht.

Und deshalb stellt Speichel last not least ein ganz hervorragendes Medium für die Diagnostik dar. Eine Speichelprobe ist in der Regel schneller und leichter verfügbar als eine Blutentnahme. Speichel enthält viele Zellen oder Zellbruchstücke, die genetische Informationen enthalten. Jeder Krimifan kennt die DNA-Tests, die als Speichelabstrich aus der Mundhöhle des Verdächtigen gewonnen werden.

Ein Blutprodukt

Unser Speichel wird aus dem Blut synthetisiert, genauer gesagt aus dem *Blutserum*. Dazu verzweigen sich die Adern in den Speicheldrüsen zur kleinstmöglichen Gefäßform, die es im Körper gibt, zu *Kapillaren*. Dadurch wird der Übertritt von Blutflüssigkeit in die Speicheldrüse ermöglicht bzw. erleichtert.

Die Speicheldrüsen sehen vom Aufbau her aus wie ein Stück Brokkoligemüse: ein Stiel mit Verzweigungen, die sich immer weiter teilen und an deren Ende kleine Rundungen sitzen. Diese ampullenförmigen Endstücke heißen *Azini* und haben spezielle, wasserdurchlässige Wandzellen. Ihre Funktionsweise ist schematisch in Abbildung 14 dargestellt: Die Azinuszellen sondern auf einen Nervenimpuls hin Kochsalz (NaCl) in den Ampulleninnenraum ab, was dort die NaCl-Konzentration erhöht (1.). Dies führt in der Folge durch *Osmose* zu einem Flüssigkeitseinstrom von den Kapillaren in die Ampulle (2.).

Wenn irgendwo im Körper eine durchlässige Membran zwischen zwei Flüssigkeiten unterschiedlicher Elektrolytkonzentration existiert, dann kommt es solange zu einer Flüssigkeitsverschiebung zur höher konzentrierten Seite, bis die Elektrolytkonzentration auf beiden Seiten gleich hoch ist. Man nennt diesen Mechanismus Osmose. In einem abgeschlossenen Körper, hier unsere kleinen Azinus-Ampulle, führt dieser Flüssigkeitseinstrom zwangsläufig zu einer Erhöhung des Druckes, so dass die Flüssigkeit aus der Ampulle heraus und in das System der Ausführungsgänge hinein fließt (3.). Wie eine Bergquelle in das Bachbettchen; und von dort weiter in immer größere Zusammenflüsse.

Da der Primärspeichel ja aus dem Blutserum entsteht, ist er zunächst *isoton*. Das bedeutet, er besitzt die gleiche Elektrolytkonzentration wie Blut. Auch andere Blutbestandteile

Abb. 14

Speicheldrüse (Acinus)

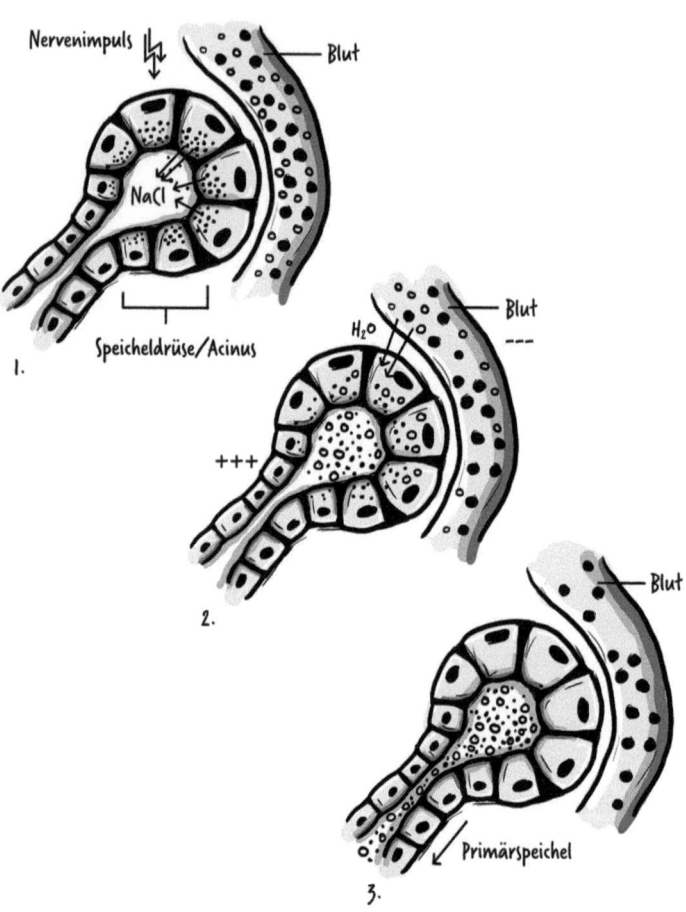

wie Hormone, Immunzellen oder Zellbruchstücke sind jetzt schon im Speichel. Aus diesem Grund rückt der Speichel ja auch als diagnostisches Medium zunehmend in den Focus der Medizin.

Bei seiner Reise durch die Ausführungsgänge der Speicheldrüse tauscht der Primärspeichel sein Kochsalz gegen *Bikarbonat* und einige andere etwas schwächere Elektrolyte wie *Kalium, Kalzium, Magnesium, Phosphat, Jod* oder *Chlorid* ein und wird *hypoton*, d.h. etwas schwächer konzentriert als Blutserum. Auch dies ist für spätere Aufgaben wichtig. Der Grad der Konzentration des Sekundärspeichels ist vor allem von der Fließgeschwindigkeit abhängig: je mehr Speichel produziert wird, umso schneller fließt er durch die Ausführungsgänge und umso weniger »Reifung« passiert.

2000 Zutaten für den Protein-Shake

In den Zellen der Azinus-Endstücke sowie den daran anschließenden Gängen (man unterscheidet hier Abschnitte, die *Schaltstücke* heißen, von sog. *Streifenstücken)* werden auch Proteine gebildet, die an den Primärspeichel abgegeben werden und dem Speichel je nach Bedarf eine unterschiedliche Prägung bzw. verschiedenartige Eigenschaften und Fähigkeiten verleihen.

Neben den Elektrolyten spielen diese *Speichelproteine* die wohl wichtigste Rolle. Man unterscheidet je nach Produktionsstätte verschiedene Eiweißverbindungen.

So sind *Glykoproteine* eine Mischung aus 70-80 Prozent Eiweiß und 20-30 Prozent Zucker. Dementsprechend sieht auch das Molekül eines der häufigsten Glykoproteine aus wie eine Stange Zuckerwatte auf dem Jahrmarkt. Dieses sogenannte *Muzin*-Molekül kann mit dieser Struktur sehr viel Wasser binden und ist deswegen schwer löslich. Muzin findet sich fast überall in der Mundhöhle, es ist zähflüssig und gibt daher auch dem viskösen, schleimigen Speichel, seinen Namen: mukös. Gebildet wird dieser vor allem in den strategisch gut verteilten Einzeldrüsen der gesamten Mundschleimhaut, aber auch in den Unterzungen- und Unterkieferspeicheldrüse.

Muzin ist ein permanenter Bestandteil des Ruhespeichels, wird also fast rund um die Uhr gebildet und dient vor allem erst einmal der Befeuchtung der oralen Strukturen. Aber Muzin ist auch Hauptbestandteil einer Schutzschicht auf den Schleimhäuten und Zahnoberflächen, die die Mundhöhlenauskleidung (die ja im Prinzip eine Körperaußenfläche ist) vor mechanischen Verletzungen, Eindringen von Mikroorganismen und Austrocknung schützt.

Die Pellikel – Der Schlüssel zur Mundgesundheit

Die Mundschleimhaut unterliegt einer permanenten zellulären Erneuerung, so dass die Proteinschicht und eventuell darauf haftende Mikroorganismen oder andere Molekülstrukturen keine lange Verweildauer genießen können.

Anders sieht das natürlich auf der Zahnoberfläche aus, die sich leider nicht erneuert. Hier bilden vorwiegend Glykoproteine aus dem Speichel innerhalb von Sekunden eine erste völlig bakterienfreie Deckschicht, die sogenannte *Pellikel*.

Muzine spielen dabei eine wichtige Rolle, da sie gut mit dem oberflächlichen Kalzium auf dem Zahn binden können. Durch Verklumpung und chemische Kombination weiterer Speichelproteine sowie von Plasmabestandteilen aus dem Zahnfleisch (exakter ausgedrückt handelt es sich um eine Flüssigkeit aus dem Sulcus; das ist der Zahnfleischsaum um den Zahn) kommt es zu einer Verdickung dieser sogenannten Primärpellikel.

Die Pellikel ist nicht weniger als der absolute Schlüssel zur Zahngesundheit, ohne sie geht gar nichts. Und wer oder was auch immer an den Zahn will, muss durch sie hindurch.

An die in kürzester Zeit gebildete Primärpellikel lagern sich Bakterien an, die sogenannte *extrazelluläre Glykane* bilden können, also im Prinzip Zucker absondern. Dies wirkt wie ein Kleber, der prima an den Glykoproteinen, also den Eiweiß-zuckern der Pellikel anbindet.

Ist Plaque also wirklich schlecht?

Mit dieser ersten Kolonialisierung sind die Voraussetzungen für die Anlagerung weiterer Bakterien, Zellbestandteile, Speichelproteine und Spurenelemente gegeben, es entsteht eine Belagschicht, die Plaque.

Ist Plaque schlecht? Schließlich heißt es doch immer, die Plaque muss gründlich entfernt werden. Die Fernsehwerbung preist uns Zahnpasten mit Anti-Plaque-Formel an und die neueste Ultraschall-Super-Sonar-Clean rückt den Belägen auf den Pelz. Ist Plaque schlecht?
Nein – und ja, irgendwie doch. Aber warum haben wir Plaque?

Blicken wir bei der Suche nach Antworten doch einmal weit zurück, als die Menschheit noch nicht mit Zahnpasta mit Anti-Plaque-Formel gesegnet war – oder mit Zahnärzten, die ihren Patienten für viel Geld die Beläge von den Zähnen polieren mussten. Die Evolution hätte uns Menschen doch wohl kaum eine nachteilige oder gar gesundheitsgefährdende Plaquebildung durchgehen lassen. Was also ist der Sinn bzw. wo liegt der Nutzen der Plaque?

Wie im Kapitel 9 näher beschrieben, besteht der Zahnschmelz hauptsächlich aus *Apatit*, also Kalzium-Phosphat. Wenn die Zahnoberfläche in Kontakt mit Flüssigkeiten kommt, die eine geringere Kalzium-Phosphat-Konzentration besitzen, gibt sie Kalzium-oder Phosphat-Ionen frei. Sie *de*mineralisiert. Umgekehrt kann unser Schmelz auch Mineralien aus Flüssigkeiten wie Speichel oder einer Mundspüllösung aufnehmen und *re*mineralisieren. Diese zwei Vorgänge De- und Remineralisation passieren im Prinzip ständig und rund um die Uhr. Der Zahn, dessen Hülle sich nun einmal nicht regenerieren kann wie etwa unsere Haut, wird immer wieder nachgehärtet, damit er ein Leben lang hält und sich nicht auflöst. Entscheidend ist, dass das Gleichgewicht aus De- und Remineralisation gehalten wird.

Die Pellikel und vor allem die aufgelagerte Plaque sind wichtige Instrumente, um dieses Gleichgewicht zu halten. Ohne sie würde sich der Zahnschmelz wahrscheinlich im Speichel auflösen, wenigstens aber viel weicher sein und somit wesentlich schneller verschleißen. Zähne respektive Zahnschmelz müssen aber ein Leben lang halten – und es ist heute keine Seltenheit mehr, 80-oder 90-Jährige mit vollständigem und altersgerecht intaktem Zahnstatus anzutreffen!

Die Pellikel mit ihren rutschigen Speichelproteinen wirkt aber auch wie ein »shock-absorber«, also ein Stoßdämpfer. Zähne, die beim maximalen Anspannen unserer kräftigen Kaumuskeln Spitzenbelastungen von mehreren hundert Newtonmetern aushalten müssen, leiten diese Kräfte durch ihre Pellikel ab beziehungsweise verringern sie beträchtlich. Diese Erkenntnis haben Zahnmediziner bei Laborversuchen mit sogenannten Kausimulatoren gewonnen. Trockene Zähne verschlissen unter Belastung deutlich schneller als solche, die von einer Glykoproteinschicht aus dem Speichel bedeckt waren.
 Dass unsere Zähne unter praktisch permanenter chemischer

und mechanischer Höchstbelastung ein Leben lang halten, verdanken wir also zu einem erheblichen Teil der Pellikel. Und der Plaque!

Denn in der Plaque können Speichelmineralien wie Kalziumphosphat und übrigens auch *Fluoride* gespeichert, quasi zwischengelagert werden, bis sie zur Remineralisation an der Schmelzoberfläche benötigt werden.

Die Plaque oder – wie in den letzten Jahren präziser formuliert wurde – der *Biofilm* an unseren Zahnoberflächen ist ein komplexes Gebilde aus Speichelproteinen, Bakterien, sog. extrazellulärer Matrix, Zellresten, Immunzellen und andern Plasmabestandteilen sowie Wasser und Sauerstoff. Die physiologische Plaque ist nämlich sauerstoffhaltig (=*aerob*), was den Bakterien, die zur normalen Mundflora gehören und für die Aufrechterhaltung des Ökologischen Gleichgewichts von Bedeutung sind, eine sichere Bleibe ermöglicht.

An dieser Stelle zeigt sich übrigens auch der Sinn der Anlagerung von »guten« Bakterien an der Pellikel: Diese besetzen nämlich eine ökologische Nische, bevor es andere tun. Das ist in etwa so wie in einem vollbesetzten Bus, in dem der einzige freie Sitzplatz sich neben Ihnen befindet und Sie sich inständig wünschen, dass an der nächsten Haltestelle ein angenehmer Fahrgast Ihr neuer Sitznachbar wird und nicht eine Ihnen unangenehme oder unsympathische Person.

Zu den »guten« Bakterien gehören übrigens einige Angehörige der großen Familie der *Mutans-Streptokokken*, die wir bisher als »Kariesbakterien« zu fürchten gelernt haben. Nur so viel, ohne dem nächsten Kapitel vorgreifen zu wollen:

Jeder, wirklich jeder Mensch hat den Mund voller Mutans-Streptokokken. Sie gehören schlicht und einfach zur physiologischen Mundflora. Wir benötigen sie insbesondere auch in der Pellikel bzw. Plaque für die Mineralspeicherung. Wem also Mutans-Streptokokken in der Mundhöhle nachgewiesen werden, besitzt nicht zwangsläufig ein erhöhtes Kariesrisiko! Näheres dazu sehen wir gleich in Kapitel 5.

Wann ist die Plaque schädlich?

Kritisch wird es in der Plaque erst dann, wenn sie wächst, also Lage für Lage drauf gepackt wird und allmählich die inneren Schichten sauerstoffarm (= *anaerob*) werden und sich wie in einer zwielichtig verqualmten Hafenkneipe gewissermaßen das Publikum im Biofilm nachteilig verändert.

Das lichtscheue Bakteriengesindel der Anaerobier braucht keinen Sauerstoff zum Überleben und besitzt damit in der Tiefe der Plaque einen ökologischen Standortvorteil. Durch sie kann dann nämlich unter anderem der Zahnfleischrand attackiert werden oder verstärkt Zucker aus Stärke und andern großen Molekülen synthetisiert werden. Der von Bakterien nicht für den eigenen Stoffwechsel oder die Plaquebildung benötigte Zucker wird zu Milchsäure vergoren. Und diese wiederum zieht leider Mineralien wie Kalzium aus dem Zahnschmelz, so dass das Apatit zerfällt.

Bleibt diese mineralogische Schieflage länger bestehen, entkalkt der Zahnschmelz und wird zunächst porös und später löchrig. Derselbe Effekt entsteht, wenn man die (alte) Plaque mit Zucker »füttert«. Die Säurebildung setzt dann praktisch umgehend ein. Daher sind viele kleine süße Zwischenmahlzeiten kariesstrategisch eher ungünstig. Futtern Sie die Gummibärchentüte lieber in einem Rutsch auf!

Zusammenfassend kann man festhalten, dass Plaque an sich physiologisch ist, die alte beziehungsweise gewachsene Plaque aber problematisch.

Wie war das jetzt aber mit der Plaque und der Menschheitsgeschichte, als es noch keine Zahnbürsten, Zahnärzte und Zahncremes mit Anti-Plaque-Formel gab?

Ganz einfach! Früher hat der Mensch noch richtig gekaut! Die harte Nahrung aus Rohkost, zähem Fleisch und faserigen Pflanzen sorgte für eine effektive mechanische Eigenreinigung. Und das minutenlange Kauen für jede Menge Speichelfluss, was ja erheblichen Einfluss auf die Pellikel und die Plaque hat.

Denn die erhöhte Fließgeschwindigkeit des beim Essen stimulierten Speichels (ich gehe darauf gleich noch näher ein) macht es Bakterien schwerer, sich an eine bestehende Pellikel zu haften. Auch das ist übrigens ein Faktor, warum mehr Kariesläsionen an der Außenfläche der Zähne als an ihren Innenseiten, wo mehr Speichel fließt, entstehen.

Zudem sorgte die härtere Nahrung für eine effektive Eigenreinigung. Probieren Sie es einmal aus: Vergleichen Sie das pelzige Zahnbelagsgefühl nach dem Genuss einer Scheibe Weißbrot mit Erdnussbutter gegen das gute Mundgefühl nach dem anstrengenden, aber reinigenden Zerkauen einer knackigen Karotte. Und achten Sie dabei bitte mal auf Ihren Speichelfluss.

Zahnstein

Wenn Speichel nun Plaque wegspült, warum sitzt dann erfahrungsgemäß mehr Zahnstein an den Zahnflächen, die den Mündungen der Speicheldrüsen gegenüberliegen, also Unterkiefer-Frontzahnbereich innen oder Oberkiefer-Backenzähne außen? Das ist eigentlich ganz plausibel:
Zahnstein ist nichts anderes als die Mineralisation hauptsächlich von Kalzium-Phosphat am Zahn (oder gelegentlich auch an Zahnersatz).

Der Primarspeichel wird bereits mit Kalzium-Phosphat in den Schaltstücken der Speicheldrüsen übersättigt, um den Remineralisationsaufgaben des Speichels Genüge zu tun – wie oben beschrieben.

Damit es nicht zu einer Mineralisation bzw. Verklumpung von Kalzium-Phosphat schon in den Speicheldrüsen oder den Ausführungsgängen kommt, hat sich Mutter Natur einen genialen Tick einfallen lassen: *Statherine*, das sind Kalzium-Phosphat bindende Proteine, werden dem Speichel bereits bei seiner Herstellung zugefügt. So kann der mit Kalzium-Phosphat übersättigte Speichel seine Mineralien dorthin transportieren, wo sie benötigt werden, nämlich an die Pellikel der Zahnoberflächen.

Wenn die Zähne nun aber bereits mit einer dicken Schicht Plaque bedeckt sind und sich dort auch Sauerstoffangebot und pH-Wert ändern, verhindert die relativ große Molekülstruktur des Speichel-Glykoproteins Statherin einen Durchtritt durch die Plaque, die Statherine funktionieren in dem veränderten Millieu nicht mehr und geben ihre Kalzium-Phosphat-Ionen in die Tiefe der Plaque ab , die dort aus der Lösung ausfällen und zu Zahnstein mineralisieren.

Man sieht daher auf Zahnstein immer auch Plaque – und unter Zahnstein so gut wie niemals Karies – denn dort liegt ja ein perfektes Apatit-Depot!

Zurück zum Speichel. Wie angedeutet, ist Speichel ja nicht gleich Speichel.

Muköser und seröser Speichel

Die Komplexität des Speichels lässt sich allein schon an seinen zuvor aufgezählten Aufgaben erahnen: Schutz, Gleichgewicht zwischen De- und Remineralisation, Aufrechterhaltung des biologischen Gleichgewichts im Biotop Mundhöhle, Reinigungs- und Spülfunktion.

Speichel spült runter. Allein durch das Schlucken werden jede Sekunde Millionen von Mikroorganismen einfach entsorgt. Die Oberflächen von Zahn, Zahnfleisch und Zunge werden fast wie mit einem Gartenschlauch abgespült und die Zunge wischmoppt hinterher.

Für diese Reinigungsfunktion ist Schleim natürlich ungeeignet. Deswegen wird uns zu diesem Zweck von den großen Speicheldrüsen, insbesondere den Ohrspeicheldrüsen, dünnflüssiger, sogenannter *seröser* Speichel zur Verfügung gestellt.

Sowohl seröser wie muköser Speichel entsteht durch Sekretion entsprechender Bläschen (sog. *Granula*) aus den Schalt- und Streifenstücken hinter den Azinus-Ampullen, schön zu sehen in Abbildung 14.

Was genau wann benötigt wird, »entscheidet« unser autonomes bzw. vegetatives Nervensystem. Dessen »Schaltkreise« sind nämlich im weitesten Sinne für die Körperregulation zuständig und stehen dem somatischen Nervensystem gegenüber, welches bewusste Handlungen oder Sinneswahrnehmungen verschaltet.

Das vegetative Nervensystem regelt unter anderem die Atmung, den Puls, das Schwitzen und auch die Hormonausschüttung. Und eben die Speichelbildung bzw. -zusammensetzung. Es besteht – vereinfacht gesagt – aus zwei sich ergänzenden Anteilen, dem *Sympathikus* (»Flucht«) und dem *Parasympathikus* (»Erholung«).

Seröser bzw. stimulierter Speichel entsteht vorwiegend sympathikus-vermittelt in den großen Speicheldrüsen, vor allem der Parotis.

Muköser Speichel ist hauptsächlich Ruhespeichel und wird vom Parasympathikus in Auftrag gegeben.

Ein Wiener Schnitzel, Pawlows Hunde und Ihr vegetatives Nervensystem

Ganz so autonom, wie es mitunter bezeichnet wird, ist unser vegetatives Nervensystem dann aber doch auch nicht. Genauso wie wir nachgewiesenermaßen durch Yogaübungen Einfluss auf unsere Körperregulation nehmen können, lässt sich die Speichelsekretion beispielsweise durch Kaugummikauen steigern. Aber auch nur schon der Gedanke an ein leckeres Essen lässt uns das Wasser im Mund buchstäblich zusammenlaufen.

Dieser Effekt wurde von dem russischen Mediziner und Physiologen *Iwan Petrowitsch Pawlow* (1849 – 1936) beschrieben und als *»Pawlowscher Reflex«* berühmt. Pawlow leitete die Fütterung seiner Hunde jeweils mit dem Klang eines Glöckchens ein und beobachtete den Speichelfluss der Tiere.

Anfangs war es natürlich der Geruch des Futters, der den hungrigen Tieren das Wasser im Maul zusammenlaufen ließ. Nach einiger Zeit klingelte Pawlow aber nur mit dem Glöckchen ohne dass Futter auch nur in der Nähe war. Und trotzdem lief bei den Tieren der Speichel allein in der konditionierten Erwartung leckeren Fressens.

Der spätere Nobelpreisträger Pawlow war übrigens auch der Entdecker des Placebo-Effektes. Auch hier mussten wieder seine Hunde herhalten.

Nicht nur die Tatsache, dass allein in Erwartung einer Mahlzeit Speichel fließt, ist aber seit Pawlow bekannt, sondern auch die Zusammensetzung des Speichels kann variieren.

Die Komposition des jeweils perfekt auf die Situation abgestimmten, aus viskösem und dünnflüssigem zusammengesetzten Speichels ist natürlich eine weitere unbewusste Leistung des vegetativen Nervensystems. Dafür müssen viele

Stimuli und Sinneseindrücke zusammenfasst werden, wie folgendes Beispiel einmal illustrieren soll:

Sie gehen mal wieder fein aus. Vorfreude und ein entspanntes Grundgefühl begleiten Sie in ein gutes Restaurant an einen ruhigen, fein gedeckten Tisch. Ihre Augen entdecken auf der Speisenkarte für heute ein Wiener Schnitzel. Wir hören den Kellner genau dieses Gericht anpreisen. Am Nachbartisch wird grade eines serviert, es duftet fantastisch und in unserer Erinnerung an ein leckeres, knuspriges Schnitzel geraten wir ins Schwärmen. Nach der Bestellung wächst neben der Vorfreude auch langsam der Appetit. Wo bleibt denn nur der Kellner mit dem Essen? Das Wasser läuft uns im Mund zusammen, als wir ihn mit unserem Teller in der Hand kommen sehen. Mahlzeit!

Der erste Bissen wird mit Messer und Gabel abgeschnitten. Wir haben nun eine recht klare Vorstellung von unserem Schnitzel. Aber was ist das? Ist jetzt das Messer stumpf oder das Fleisch eine alte Schuhsohle? Halten wir den Film einmal an dieser Stelle an:

Bevor ein Bissen überhaupt in unseren Mund gelangt, haben wir schon mindestens ein halbes Dutzend Sinneseindrücke oder ähnliche Informationen aufgenommen, die unser vegetatives Nervensystem längst zu einer Zutatenliste für den jetzt optimalen Speichel verarbeitet hat.

Der Speichel fließt jetzt besonders kräftig aus der Ohrspeicheldrüse, der *Glandula Parotis*. Er ist schön dünnflüssig, stimuliert die Geschmacksknospen (siehe Kapitel 2) und stellt ein Verdauungsenzym namens *Amylase* bereit, welches erst im Mund, aber auch später im Magen langkettige Kohlenhydrate wie beispielsweise Stärke in leichter verdauliche kleinere Zuckermoleküle aufknackt.

Indem wir das erste Stück Schnitzel in den Mund stecken, werden sofort weitere Informationen über die Mahlzeit von unseren Tastsensoren, Messfühlern und Geschmacksknospen an die Zentrale weitergeleitet: Temperatur, Konsistenz, Geschmack, Masse und Größe des zu zerkleinernden Bissens.

Mit dem Kauakt wird weiterer Speichel sezerniert, der dieses Mal auch vermehrt aus den Unterkiefer-Speicheldrüsen kommt (*Glandula sublingualis* und *Glandula submandibularis*). Dieser Speichel ist deutlich muzinreicher und daher schleimiger und visköser.

Mit diesem muküsem Speichel durchmischt wird das zerkaute Schnitzel zu einem sogenannten *Bolus* verarbeitet, also einem Brei-Klops, der erstens so weich ist, dass er die empfindliche Schleimhaut des Rachens und der Speiseröhre nicht verletzt, mittlerweile auf eine angenehme Temperatur etwas oberhalb 37 Grad Celsius herunter gekühlt wurde (oder erwärmt, wenn es ein Schnitzel vom kalten Büffet war) und leicht in einem zwischen Zungenmuskulatur, Gaumen und Kehldeckel wohl einstudierten Bewegungsablauf geschluckt werden kann (siehe Abbildung 4).

An diesem kleinen Beispiel aus dem täglichen Leben wird gut anschaulich, dass unser Speichel bei der Verdauung gleichzeitig mehrere Aufgaben mit ganz unterschiedlichen Komponenten bewältigen muss: Befeuchtung der Mundschleimhaut, Aktivierung der Geschmacks-Sensoren, Zubereitung des Nahrungsbreis, Vorverdauung durch Produktion von Amylase, Schutz der Schleimhäute während des Kau-und Schluckaktes, Spülung und Reinigung der Mundhöhle nach dem Essen, Temperaturregulation, Säureschutz.

Und da wir ja nicht ausschließlich von Wiener Schnitzel leben sondern sehr viel unterschiedliche Mahlzeiten einnehmen, dürfte vorstellbar sein, in wie vielen verschiedenen Variationen Speichel allein nur beim Essen komponiert werden kann.

Schlucken

Wir schlucken aber nicht nur unsere Nahrung, sondern auch ganz ohne etwas im Mund, quasi leer. Circa 1-2 mal pro Minute, nachts etwa einmal in 2 Minuten. Warum müssen wir so oft schlucken?

Mindestens zwei gute Gründe dafür gelten als gesichert. Zum einen ist das Schlucken der einzige physiologische Zeitpunkt, an dem unsere Zähne Kontakt haben. Bei dem oft nur einige Millisekunden dauernden Zahnkontakt werden die Tastsensoren im Zahnhalteapparat (siehe Kapitel 8) stimuliert. Durch die enorme Vielzahl dieser Messfühler erhält das Kauzentrum im Gehirn einen perfekten Eindruck von der aktuellen Verzahnung und kann das Kausystem gewissermaßen kalibrieren.

Zum andern werden mit dem Leerschlucken Altlasten beseitigt: mit der ungerührten Effizienz einer Toilettenspülung werden Nahrungsreste, Zellmaterial, verbrauchtes *Sulcusfluid* und vor allem Mikroorganismen, allen voran Bakterien, entsorgt. Das Ökosystem Mundhöhle wird durch Speichelsekretion und Schlucken aufrechterhalten. Wie ein Fluss, der in einen See hinein und am andern Ende wieder hinaus fließt. Wir werden uns dieses Ökosystem gleich noch näher ansehen.

Das Verschlucken von Bakterien ist natürlich eine wenig subtile Art der Keimabwehr. Die grobe Keule gewissermaßen.

Mundumschutz

Natürlich hat unser magisches Mundwasser in punkto Heimatschutz noch eine Menge mehr drauf als den Spülknopf. Ein Großteil der Speichelproteine sind sogenannte *Immunglobuline*, genauer als *sIGa* bezeichnet. Diese fleißigen kleinen

Abwehrdrohnen docken an nicht willkommene Bakterien an und führen zu einer Verklumpung der Keime und damit zu deren Inaktivierung.

Ein weiterer Keim-Killer ist das Speichelprotein *Lactoferrin*, das den Bakterien das für den Stoffwechsel essentielle Eisen entzieht.

Da dieser Effekt nicht sehr langfristig wirkt, ist die Bakterien-populations-Kontrolle des Speichels noch breiter aufgestellt. Speichel enthält das Enzym *Lysozym*, das – ganz ähnlich wie bei der Wirkung mancher Antibiotika – die Bakterienwand angreift und die *Lyse* (= Auflösung) der Bakterienzelle einleitet. In der Lebensmittelindustrie ist dieses Enzym als Zusatzstoff zur Konservierung unter dem Kürzel *E-1105* und auch bei der Weinherstellung zur Kontrolle der Säureproduktion gebräuchlich.

Auch *Peroxidasen* gehören zum Repertoire der Bakterienabwehr des Speichels, die durch Bereitstellung von Wasserstoffperoxid, H_2O_2, chemische Reaktionen bei der Bakterienlyse beschleunigen.

Es ist nun aber keineswegs so, dass in der Mundhöhle durch den Speichel alle Bakterien vernichtet und komplette Sterilität hergestellt würde. Ganz in Gegenteil stellt die Mundhöhle einen der bakterienreichsten Orte des menschlichen Körpers dar. Wir werden uns in Kapitel 5 noch mit diesem für uns lebenswichtigen Mikrobiom befassen.

Der Speichel hat die Aufgabe, im Biotop Mundhöhle für das ökologische Gleichgewicht zu sorgen. Nicht mehr, aber auch nicht weniger.

Die Fähigkeit, »gute« von » schlechten« Bakterien zu unterscheiden bzw. eine Art »Immigrations-Kontrolle« zu organisieren, hat sich im Zuge der Evolution herausgebildet. Auch hat sich beispielsweise durch Genverdopplung seit Einführung stärker kohlenhydratreicher Ernährung in der Neuzeit die Produktion des Enzyms Amylase verstärkt. Vergleichende DNA-Untersuchungen aus archäologischen Funden konnten dies eindrucksvoll bestätigen.

Da es nun dem Speichel obliegt, unsere Mundgesundheit zu kontrollieren, dürfte einleuchtend sein, warum Störungen des Speichelflusses, vulgo Mundtrockenheit, ein erhebliches Gesundheitsproblem mit ernsten Konsequenzen darstellen.

Mundtrockenheit

Hyposalivation, also verringerter Speichelfluss, kann sowohl durch Erkrankungen wie auch durch Medikamente oder einfach auch durch äußere Bedingungen verursacht werden.

Eine der bekanntesten Erkrankungen, die die Speicheldrüsen betrifft, ist eine nach dem schwedischen Augenarzt *Henrik Sjögren* (1899-1986) benannte Autoimmunerkrankung. Betroffenen fehlt fast jeglicher Speichelfluss – und damit so ziemlich alles, was wir im Vorangegangenen an Vorteilen des Speichels kennengelernt haben.

Auch Diabetiker können unter Hyposalivation leiden.

Zudem können nicht wenige weitverbreitete Medikamente die Speichelproduktion drosseln: Antidepressiva, Diuretika, Antihistaminika, Atropin und natürlich auch Antihypertensiva, also Blutdrucksenker.

Ungünstige äußere Bedingungen können nicht nur eine traumatische oder chirurgische Verletzung oder Zerstörung der Speicheldrüsen(etwa nach Tumor-OP) darstellen, sondern auch eine Strahlentherapie oder schlicht ein gestörter Wasserhaushalt: »*dem Verdurstenden in der Wüste klebt die Zunge am Gaumen*«, wie schon die Bibel zu berichten wusste: »*meine Kräfte sind vertrocknet wie eine Scherbe, und meine Zunge klebt an meinen Gaumen, und du legst mich in des Todes Staub*« (Psalm 22,15). »*Dem Säugling klebt seine Zunge am Gaumen vor Durst*« (Klagelieder 4,4). »*Mich dürstet*« (das fünfte der sieben letzten Worte des gekreuzigten Jesu Christi)

Aber auch weniger dramatische Außenbedingungen wie Stress, ein langer Vortrag oder Hormonumstellungen in der Menopause kosten uns Geduld und Spucke.

Mundtrockenheit begünstigt – logischerweise, wie Sie jetzt ja wissen – die Kariesentstehung bzw. -entwicklung.
Auch Zahnprothesen werden unter solchen Umständen nicht mehr so gut toleriert. Gelegentlich führt ein trockener Mund zu Druckstellen, Pilzinfektion und/oder zu völliger Prothesenintoleranz.

Zahnimplantate als Lösung für diese Probleme? Vergessen Sie es!
Denn gerade erfolgreiche Implantatversorgungen benötigen dringend die Vorzüge der speichelvermittelten Immunabwehr, da Implantate anders als natürliche Zähne unter anderem kein *Parodont* (siehe Kapitel 8, Zahnhalteapparat) besitzen und damit keine eigenen Schutzmechanismen gegen Infektionen haben.

Ist die Vor-Verdauung durch Probleme mit Zähnen oder Zahnersatz durch Speichelmangel gravierend gestört, hat Mundtrockenheit natürlich Konsequenzen für die Verdauung – und damit letztlich für die physiologische Nährstoffgewinnung des Organismus.

Aber auch das Gefühl eines trockenen, möglicherweise sogar brennenden Mundes ist mit einer deutlichen Verringerung der Lebensqualität verbunden.

»Gesund beginnt im Mund« ist nicht nur deswegen ein in der Zahnärzteschaft gern zitierter Slogan, sondern auch eine aus allgemeinmedizinischer Perspektive sehr sinnvolle Forderung. Es wäre großartig, wenn auch von dieser Seite mehr auf ausreichend Speichel geachtet würde.

Ein Förderprogramm

Was kann man tun, um die Speichelproduktion positiv zu beeinflussen?

1. Genug trinken (und zwar Wasser)
2. Genug kauen (und zwar Nahrungsmittel, die uns nicht von der Industrie »vorgekaut« worden sind)
3. Die Verordnung von Medikamenten die speichelverringernde Nebenwirkungen besitzen, sehr kritisch auf bessere Alternativen prüfen.
4. Das Rauchen einstellen (sofort)
5. Auf starken Alkoholkonsum verzichten (Mundtrockenheit bei einem »Kater«)
6. Sich gesund ernähren (dazu gibt es ohnehin keine Alternative, siehe 2.)
7. Kaugummi kauen (zuckerfrei. 5-10 Minuten. 2-3 mal täglich, gerne nach dem Essen)
8. Zähne putzen (fördert kurzzeitig die Speichelproduktion)

Saure Drops, deren Genuss zwar Punkt 6 obiger Empfehlungen widerspricht, aber zu kurzfristiger Speichelstimulation der Ohrspeicheldrüse führt, sind tatsächlich eine ernsthafte therapeutische Empfehlung bei Entzündung dieser Drüse. Denn die Stimulation »sauer« führt dank unseres vegetativen

Nervensystems ja zu einer sofortigen Ausschüttung serösen, also effektiv spülenden Speichels. Sinn und Zweck dieser Reaktion – und auch das ist eine wichtige Aufgabe des Speichels – ist die Neutralisierung für Zähne, Zahnfleisch, Mundschleimhaut, und Speiseröhre schädlicher Säuren: durch die hohe Fließgeschwindigkeit wird die Säure schnell verdünnt, durch das im Speichel enthaltene Bikarbonat gepuffert und rasch verschluckt. Speichel als körpereigene Feuerwehr bei Säureattacken. Genial einfach und einfach genial!

Speichel ist Feuerwehr, Polizei, Rettungswagen und technisches Hilfswerk in einem.

Speicheltests – Sinn und Unsinn

Weil unser Speichel, bzw. eigentlich ja nur ein halbes Prozent unsers Speichels, so unglaublich vielseitig zusammengesetzt ist, haben sich in den letzten Jahren die wissenschaftlichen Anstrengungen, Speichel für diagnostische Zwecke zu nutzen, stark erhöht.

So hat eine libanesisch-amerikanische Arbeitsgruppe kürzlich Speichelproteine als sogenannte *Biomarker* für die Diagnose und Verlaufskontrolle neurologischer Erkrankungen wie *Autismus, Alzheimer, Parkinson* oder die *Huntington*-Krankheit untersucht und die Verlässlichkeit einer Speichelprobe im Vergleich zu einer Blutuntersuchung festgestellt.

Auch können im Speichel nachweisbare sogenannte *Mikro-RNA* auf potenziell bösartige Tumore hinweisen, wie 2018 eine indische Forschungsarbeit zeigt.

Italienische Mediziner fanden ebenfalls 2018 heraus, dass auch bei rheumatischen Erkrankungen wie *Psoriasis* oder *Systemischer Lupus Erythematodes* bestimmte Kombinationen von Speichelproteinen als Biomarker dienen können.

Vorsicht ist allerdings bei kommerziellen Speicheltests auf Hormone geboten, wie *SPIEGEL ONLINE* jüngst warnte. So versprechen Labore, Ärzte und Heilpraktiker durch Hormonspeicheltests Auskunft über Depressionen, Wechseljahre, Erektionsstörungen oder Übergewicht. Erfahrene Endokrinologen nutzen Hormonspeicheltests aber nur für die Diagnose des *Cushing-Syndroms* oder des seltenen *Androgenitalen Syndroms* bei Kindern.

Fast ein alter Hut sind in diesem Kontext die Speicheltests, die seit etwa 20 Jahren in der zahnärztlichen Praxis zur Ermittlung des individuellen Kariesrisikos verwendet werden. Mit ihnen können Speichelmenge, pH-Wert, Puffer-Kapazität sowie die Menge an Mutans-Streptokokken und Laktobazillen, die als wesentliche Kariesmarker gelten, bestimmt und beurteilt werden.

5   Voller Leben – Die Mikrobiologie der Mundhöhle

Eine gute Nachricht zu Beginn des Kapitels: Wir sind nicht allein.

Unser Körper besteht aus ungefähr 10 Billionen Zellen. Diese unfassbar hohe Zahl könnte man so veranschaulichen, indem man jedem der circa 10 Millionen Einwohner Bayerns einen Koffer mit 10 Millionen Euro in die Hand drückt. Oder jeder in Deutschland lebenden Person 1,25 Millionen Euro überweist. Quasi ein Sechser im Lotto für alle.

Diese fast unvorstellbar hohe Zahl wird noch getoppt durch die Zahl der Mikroorganismen, die in, auf und mit unserem Körper leben: es sind zehnmal so viele, nämlich 100 Billionen!

Würde es gelingen, all diese kleinen Mitbewohner auf unsere Badezimmerwaage zu legen, dann würde diese 2 Kilogramm anzeigen. Wer möchte, kann demzufolge beim sorgenvollen Blick auf die Anzeige der Waage unter seinen Füßen einfach zwei Kilo abziehen – vielleicht macht unser Nettogewicht dann bessere Laune.

Das Mikrobiom

Es kommt aber – der Kalauer muss hier sein – noch dicker: ohne diese Biomasse, sie wird übrigens *Mikrobiom* genannt, könnten wir gar nicht überleben. Die Feststellung ihres Arztes »Sie haben Bakterien« ist somit wesentlich unproblematischer als die gegenteilige Aussage: »Sie sind frei von Bakterien« wäre im Grunde eine deutlich bedrohlichere Botschaft. Und natürlich geht es beim Mikrobiom, das wollen wir einmal gleich zu Beginn dieses Kapitels festhalten, nicht ausschließlich um Bakterien.

Bei den »körpereigenen« Mikroorganismen handelt es sich auch nicht zwingend um Erreger einer Infektion. Unter einer Infektion versteht man das Eindringen, Verbleiben und Vermehren von Krankheitserregern. *Escherichia coli* beispielsweise, ein fleißiger Vitamin-K-Produzent unseres Darmes, ist in Form einiger Untergruppen ein wichtiger Teil unseres Mikrobioms und natürlich weder Krankheitserreger noch Anlass für eine Infektabwehr. Ist hingegen unser Trinkwasser mit E. coli belastet, droht eine saftige Magen-Darm-Infektion.

Bakterien, Pilze, Viren und Parasiten befinden sich im Magen-Darm-Trakt, den Atemwegen, in anderen Körperöffnungen und selbstverständlich auch auf der Hautoberfläche. Die Besiedlung der Mundhöhle mit Mikroorganismen ist natürlich ebenso unausweichlich wie unverzichtbar.

Aber: die Mundhöhle ist zwar eine Körperöffnung, aber eigentlich noch »Außenwelt«. Sofern die Oberflächen (80 Prozent Mundschleimhaut und 20 Prozent Zahnoberfläche) intakt sind, können auch keine »Erreger« eindringen. Bakterien im (gesunden) Mund haben also im Prinzip die gleiche Chance, uns zu infizieren wie auf der (gesunden) äußeren Haut, nämlich keine!

In meiner Praxis treffe ich immer wieder Patienten, die anscheinend eine regelrechte Bakterienphobie besitzen und sich und ihre Umgebung am liebsten permanent mit Desinfektionslösung imprägnieren würden. Offenbar führt die Annahme, Mikroorganismen seien grundsätzlich Krankheitserreger und die Angst vor Erkrankung zu entsprechend drastischen Hygienemaßnahmen.

Angst ist erstens kein wirklich guter Begleiter, das gilt nicht nur für die Sorge um die Gesundheit. Zweitens muss man natürlich immer achtgeben, dass man das Kind nicht mit dem Bade ausschüttet. Das bedeutet, dass man im Bestreben, »böse« Bakterien zu vertreiben, leicht Gefahr läuft die »Guten« gleich mit zu liquidieren.

Einen solchen Effekt erlebt man nicht selten bei der oralen Gabe eines Antibiotikums wie Penicillin: Die infektiösen Keime werden damit gezielt bekämpft und die Infektionszeichen *rubor* (Röte), *dolor* (Schmerz), *calor* (Wärme), *tumor* (Schwellung) und *functio laesa* (eingeschränkte Funktion) ebben ab. Dafür muss man sich auf mögliche Magen-Darm-Probleme einstellen, weil unser dortiges Mikrobiom ebenfalls durch das Antibiotikum angegriffen wird. Andererseits kann eine erfolgreiche Vernichtung von größeren Teilen unseres mikrobiellen Ökosystems auch Nischen für weniger erfreuliche und normalerweise seltene »Gäste« freimachen. Ein »Kollateralschaden« von Antibiosen ist beispielsweise die Zunahme von Candida albicans, also das Entstehen einer Pilzinfektion.

Die Bekämpfung von Mikroorganismen auf und in unserem Körper ist also eine zweischneidige Angelegenheit: schaden wir unserem Mikrobiom, so schaden wir letztlich auch uns selbst. Da wir nun einmal mit Bakterien, Viren, Pilzen und deren Komplizen in friedlicher Koexistenz stehen, sollten wir uns lieber vergegenwärtigen, wo ihr Nutzen liegt und ab wann und unter welchen Umständen überhaupt ein Schaden eintreten kann.

Eine Antibiose sollte daher gut überlegt sein und keineswegs leichtfertig verordnet werden. Übertriebene häusliche Desinfektionsmaßnahmen der Haut oder der oralen Schleimhaut sind unter normalen Lebensbedingungen nicht erforderlich und eher schädlich.

Schauen wir einmal ins Biotop Mundhöhle hinein.

Ökosystem Mundhöhle

Aufgrund der Vielzahl der Variablen ist unser Ökosystem komplex und kompliziert. Es gibt leider keine einfachen Modelle und Patentrezepte. Das entspricht ja auch vielen anderen medizinischen Sachverhalten.

In der Medizin ist so gut wie nichts monokausal, also einer einfachen Ursache-Wirkungs-Beziehung folgend. Bei der Selbst- oder Fehlregulation der Milliarden Stoffwechselprozesse, die jede Sekunde in unserem Körper stattfinden, sind derart viele Variablen zu berücksichtigen, dass Simplifizierungen bei der Erklärung unserer Körperfunktion zwar unvermeidlich sind, man aber berücksichtigen muss, dass diese gelegentlich zu Fehl- und Missverständnissen führen.

Ein anschauliches Beispiel dafür ist die jahrzehntelang gültig gewesene sogenannte *»Klassische Kariestheorie«*:

Zucker verursacht Karies!

Um dies zu überprüfen, machen wir die Probe aufs Exempel und legen einen frisch extrahierten Zahn auf ein Stück Würfelzucker. Wie zu erwarten war, passiert natürlich nichts. Keine Karies weit und breit.
Unfair? Nein. Der Versuchsaufbau ist natürlich zu einfach. Also geben wir zu unserem Zahn-Zucker-Türmchen noch einen Schwung »Kariesbakterien« hinzu. Wieder zeigt sich keine Karies.
Also verfeinern wir das Experiment und tauchen das Ganze in eine Nährstofflösung, erwärmen die Petrischale auf Körpertemperatur und warten erst ein paar Stunden, dann mehrere Tage, dann einige Wochen. Nichts, niente, nada. Keine Karies.

Vielleicht liegt das gescheiterte Experiment auch nicht am Versuchsaufbau, sondern es stimmt etwas nicht mit der Hypothese. Überprüfen wir also einmal zusammen die Hypothese. Verursacht Zuckerkonsum wirklich Karies?

Möglicherweise ist es in Ihrer Familie schon einmal vorgekommen, dass ein Kind gerne Süßes isst (wie fast alle Kinder) und dann irgendwann Löcher in den Zähnen hat, während das Geschwisterkind eine noch viel größere Naschkatze ist und intakte Zähne vorweisen kann. Beide putzen gleich gut, sogar mit derselben Zahnpasta.

Gerecht? Nein. Genetisch? Vielleicht. Erklärbar? Ganz sicher! Sie müssen sich allerdings bis zum Kapitel 9 mit einer Erklärung gedulden.

Wie auch immer diese in der Zahnarztpraxis fast alltägliche Erfahrung bewertet wird – man sieht, dass die eingangs erwähnte Hypothese respektive ihre Kausalität offenbar viel zu kurz greift.

Allerdings wurde exakt dieses Kariesschema von Zahn-Zucker-Zeit-Substrat unter Einbeziehung der Kariesbakterien als sogenannte *spezifische Plaquehypothese* erweitert und über viele Jahre an den Universitäten wie ein Dogma gelehrt. Sie findet sich überraschenderweise auch heute noch als »Information« für Patienten auf vielen zahnärztlichen Websites.

Tatsächlich hat man aber in den letzten zwei Jahrzehnten verstanden, dass offenbar eher die Umgebung der Zähne entscheidend ist für Regulation oder Fehlregulation, Gleichgewicht oder Dysbalance, oder auf den Punkt gebracht: für Gesundheit oder Erkrankung.

Man nennt dieses Erklärungsmodell die *ökologische Plaquehypothese* Wir sprechen also hier von nichts anderem als einem Ökosystem!

Was gehört zu diesem Ökosystem?

Die Mundhöhle mit all ihren Bestandteilen und Funktionen

haben Sie bereits in den vorangegangenen Kapiteln kennengelernt. Ich habe Ihnen die Mundschleimhäute und den Speichel als alles verbindendes und benetzendes Medium bereits vorgestellt. Die Zahnoberflächen und deren Schnittstellen mit den Schleimhäuten folgen noch.

In diesem Kapitel geht es um die unsichtbaren Bewohner der Mundhöhle, die zahlenmäßig am meisten beeindruckende Fraktion, nämlich die Mikroorganismen.

Unsere Mundhöhle ist ein Biotop.

Sogar ein Feuchtbiotop, wie ein See mit klarem Wasser, Fischen, Fröschen, Algen und Uferbewuchs, Libellen, Mücken und allem anderen, was eben an und in einem See zu finden ist. Quasi Flora und Fauna. Unsere Mundhöhle ist kein gechlorter Swimmingpool.

Unauffällige Mitbewohner

Die Mundhöhle bietet unter normalen Voraussetzungen optimale Bedingungen für die Existenz von Mikroorganismen. Eine für die meisten Bakterien ideale Temperatur zwischen 25 und 40 Grad, eine fast unbegrenzte Feuchtigkeit, ein günstiger pH-Wert zwischen 6,8 und 7,0 und ein hervorragendes Nahrungsangebot aus Zellresten, Plaque und extern zugeführtem Substrat.
   Dieses gastliche Ambiente wird noch erweitert durch eine einladende Auswahl an unterschiedlichen ökologischen Nischen. Für jeden ist etwas dabei. Dementsprechend groß ist die Vielfalt der Mundhöhlenbevölkerung. Bis heute hat man etwa 700 verschiedene Arten ermittelt.

Wie nicht anders zu erwarten, vermehren sich die Mikroorganismen unter diesen perfekten Bedingungen natürlich. In der Regel geschieht das alle 3 bis 5 Stunden durch Zellteilung:

aus einer werden zwei, aus zwei vier, aus vier acht und aus 1 Million auf einen Schlag 2 Millionen. Dieses exponentielle Wachstum würde ein Ökosystem schnell vor große Gleichgewichtsprobleme stellen und es würde kippen wie ein stinkender Tümpel. Allein durch den Nachfluss von Speichel und das Herunterschlucken ein bis zweimal pro Minute (tagsüber) entsorgen wir alle Keime, die nicht bei zwei auf dem Baum waren (also die meisten).

Es ist also aus der Perspektive eines Mikroorganismus der Mundhöhle eher ungünstig, so ganz frei und ungebunden in der Mundhöhle herum zu schwimmen. Zumindest, wenn es ihm hier gefällt und er gerne bleiben möchte. Auf Dauer kann er seine Mitgliedschaft im Mundhöhlen-Mikrobiom nur aufrecht erhalten, wenn es ihm gelingt, sich irgendwo an die Oberfläche anzuheften.

Wie wir gesehen haben, stehen dafür einige unterschiedliche Mundschleimhautabschnitte (ganz besonders auf der Zungenoberfläche!), die Zahnoberflächen (hier besonders die Zahnfissuren) mit ihrer *Pellikel* sowie die Schnittstelle zwischen beiden (der Zahnfleischrand) zur Verfügung.

Die Anheftung der Mikroorganismen erfolgt in der Regel zunächst über eine kovalente Bindung an einen Glykoproteinfilm, mit dem der Speichel alle Mundhöhlenoberflächen überzieht. Diese sogenannte Pellikel wurde ja im Speichelkapitel eingehend beschrieben.

Wird diese Schicht durch eine gründliche Zahnreinigung entfernt, so bildet sich innerhalb von wenigen Minuten eine neue. Ein ähnlicher Effekt entsteht durch die Zerkleinerung grober Nahrung und den damit verbundenen Spüleffekt des Speichels.

Auf der Mundschleimhaut angesiedelte Bakterien werden durch natürliches Abschilfern älterer Zellschichten entfernt. Da Mundschleimhaut eine der äußeren Haut gegenüber beschleunigte Umsatzrate hat, ist die Standzeit der Mikroorganismen hier nicht von erheblicher Bedeutung für das ökologische Gleichgewicht.

Pionierbataillon streptococcus mutans

Mit der Erstbesiedelung entkeimter Oberflächen verhält es sich ähnlich wie mit dem allmählichen Bewuchs an einem frisch ausgehobenen Baggersee: Pionierpflanzen übernehmen die Erstbesiedelung des Ufers und bereiten den Lebensraum für die nachfolgende Flora und Fauna vor.

In der Mundhöhle stammen die meisten Pioniere aus der Mutans-Streptokokken-Familie. Sie sind »Kugelbakterien« und sehen in etwa wie Perlenketten aus (siehe Abbildung 15).
   Dieses Bakterium wird zwar meistens mit der Kariesentstehung assoziiert, stellt aber in Wirklichkeit eine genetisch, biochemisch und immunologisch sehr unterschiedliche Gruppe dar. Zu ihr gehören neben dem *Streptokokkus (S.) mutans* auch der *S. sobrinus, S. rattus, S. cricetus, S. ferus, S. mitis, S. sanguis* oder *S. salivarius.* Nur, um Ihnen die prominentesten Clan-Mitglieder einmal namentlich vorzustellen.

Abb. 15
Mutansstreptokokken

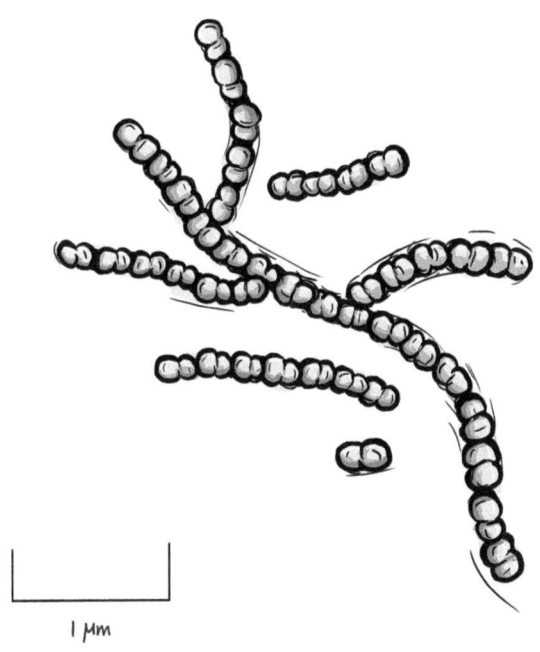

1 μm

Gemeinsames Merkmal ist ihre Fähigkeit, Zucker zu verstoff-
wechseln. Saccharose – das ist im Prinzip unser Haushalts-
zucker – wird in Glucose und Fructose gespalten und unter
anderem zu Milchsäure vergoren, die dann auf der Zahnoberfläche Mineralien aus dem Zahnschmelz herauslöst.

Sorbit und Mannit – etwas längere Zuckermoleküle – werden erst durch Enzyme gespalten, die eigens von Mutanss-

treptokokken hergestellt werden und dann als Basics, nämlich Fructose und Glucose weiterverarbeitet. Es gibt aber als Resultat der bakteriellen zuckerverarbeitenden Industrie nicht nur Saures, sondern auch Süßes:

Glucose dient auch zur Produktion sogenannter *Dextrane*. Diese Polysaccharide dienen neben den Speichelproteinen als Rezeptormoleküle, mit denen sich die Pionierkeime am zirka 1 µ dünnen Pellikel der Zahn- und Mundschleimhautoberfläche andocken können. Danach ist – übrigens auch unter Verwendung des Dextranklebers – die Kolonisierung weiterer Keime möglich. Eine Plaque entsteht.

Diese strukturellen und bakteriologischen Voraussetzungen wären ohne Pionierarbeit nicht möglich. Und daher liegt hier übrigens ein Ansatzpunkt moderner Präventionsstrategien:

Eine solche Taktik besteht in der Besetzung der Rezeptorstelle der Mutansstreptokokken für Zucker durch den Zuckeraustauschstoff *Xylit*. Dieser »Baumzucker«, der zunehmend zur Süßung von zuckerfreien Bonbons oder Kaugummis verwendet wird, kann selber nicht zu Milchsäure vergoren werden und blockiert die Bakterie bei ihrer ursprünglichen Stoffwechselaktivität. Dadurch erhoffte man sich eine Reduktion des Kariesrisikos. In der Tat konnten einige Studien diesen Effekt auch bestätigen.

Eine andere Strategie zur Vermeidung kariöser Läsionen hat die andockenden Sekundärbesiedler im Visier. Koloniekeime wie die *Laktobazillen* (Abbildung 16) sollen Konkurrenz bekommen durch sogenannte Pro- bzw. Eubiotika. Dies sind für das Mundhöhlenbiotop unschädliche Keime, die in Form von Lutschtabletten so massiv in die Mundhöhlenflora abgegeben werden, dass den potenziell schädlichen Bakterien nur die Speichel-Wasserrutsche in Richtung Magen bleibt.

Abb. 16
Laktobazillen

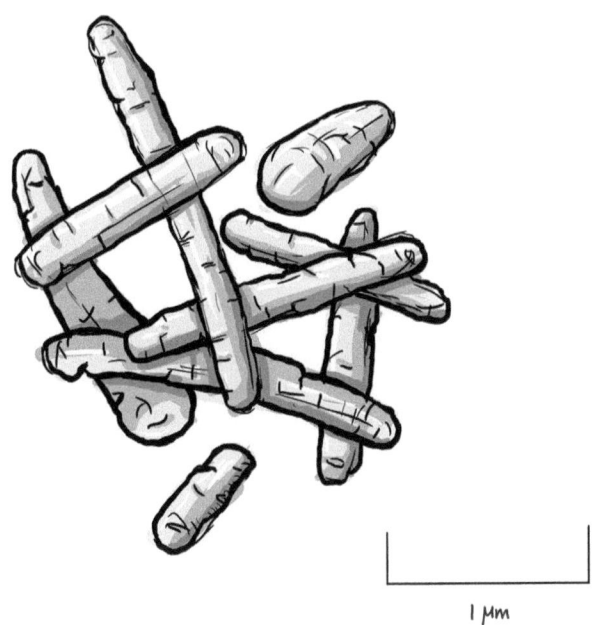

1 μm

Eine dritte, viel einfachere Strategie kennt jeder: Zähneputzen. Also die Beseitigung bakterieller Plaque von den Zahnoberflächen und den Schnittstellen am Zahnfleischrand.

Die überwiegende Mehrzahl der Keime sitzt allerdings in den Kratern der Fadenpapillen auf der Zunge – das wissen Sie ja seit dem Besuch der Zunge auf unserer Höhlentour in Kapitel 2. Das Abschaben der Zungenoberseite geht schnell und reduziert die Keimzahl ganz erheblich.

Die Siedler – Bakterien, Viren und andere Trittbrettfahrer

Zur Mikrobiologie der Mundhöhle zählen aber noch eine Menge weiterer Mikroorganismen als nur Mutansstreptokokken und Laktobazillen.

Die typischen Bakterien der Mundhöhle kann man nach ihrer äußeren Form in Kugelbakterien (z.B. *Streptokokken, Neisseria, Veillonella*), stäbchen- oder fadenförmige Bakterien (z.B. *Laktobazillen, Actinabzillen, Eikenella, Fusobacterium, Bacteroides*) und Schraubenbakterien (z.B. *Treponema, Campylobacter*) unterteilen. Die meisten Bakterien benötigen Sauerstoff (von dem ja in der Mundhöhle in der Regel genügend vorhanden ist), sie werden als aerob bezeichnet. Andere Bakterien kommen bestens ohne Sauerstoff aus. Diese Anaerobier haben daher Standortvorteile in schwer zugänglichen, tiefen Nischen, wie in sogenannten Zahnfleischtaschen.

Weitere Bewohner der Mundhöhle sind Pilze oder Viren sowie Mykoplasmen oder Protozoen.

Pilze

Orale Pilze sind meistens *Candida*-Spezies (z.B. *Candida albicans*) und am besten am Zungenrücken feststellbar, obwohl sie eigentlich gleichmäßig über die Mundhöhle verteilt sind. Sehr gerne besiedeln Candida-Pilze Kunststoffoberflächen wie Prothesen oder kieferorthopädische Apparaturen. Hier findet man Besiedelungen des von Kunststoff bedeckten harten Gaumens nicht selten als Rötungen mit weißlich-abwischbarem Belag.

Pilzinfektionen treten häufiger auf, wenn etwa durch eine Antibiotika-Gabe das ökologische Gleichgewicht der Mundhöhle durch Bakterienreduktion gestört wurde. Die bakterien-unterstützten Abwehrmechanismen des Pellikels scheinen dann kurzfristig nicht mehr zu funktionieren.

Viren

Viren sind im Grunde keine selbstständigen Organismen, da sie keine zelluläre Struktur, keinen Zellstoffwechsel und keine Fähigkeit zur eigenständigen Vermehrung besitzen. Dass sie dennoch zur Mikroflora der Mundhöhle gezählt werden, mag daran liegen, dass sie an typischen Stellen angetroffen werden können. Das *Epstein-Barr-Virus* sowie das *Zytomegalievirus* sind im Speichel anzutreffen. Das menschliche *Papillomavirus* liegt im Mundschleimhautepithel und das *Herpes-Simplex-Virus* liegt eng an den Nervenendigungen der Schleimhaut. Von dort kann es durch verschiedenartige Reize »reaktiviert« werden und führt zu den bei manchen Menschen immer wieder auf-tretenden Herpesläsionen. Das mitunter wirklich gemeine ist, dass in der ersten Infektionsphase, dem sog. Prodromalsta-dium, starke Schmerzen in einer Zahnregion auftreten können. Man ist versucht, dem sich mit Zahnschmerzen vorstellenden Patienten durch eine Zahnbehandlung zu helfen. Meist dann logischerweise ohne Erfolg. Nach einigen Tagen lassen die Schmerzen dann nach und es treten charakteristische Bläs-chen an der Mundschleimhaut um den Zahn auf. Erst dann lässt sich die Diagnose »intraorale Herpesinfektion« sichern. Die Schmerzen sind dann meist schon von alleine abgeklun-gen.

Mikroorganismen

Mykoplasmen sind wabbelige, in der Form sehr unregelmä-ßige Mikroorganismen, deren Rolle in der Mundhöhle noch ungeklärt ist. Nur etwa 6-30 Prozent der Bevölkerung sind

Mykoplasmen-Träger, was immerhin bedeutet, dass der überwiegende Anteil der Menschheit ganz gut ohne sie zurechtkommt. Man nimmt an, dass Mykoplasmen bei der Unterfunktion von Speicheldrüsen eine Rolle spielen.

Protozoen sind selbstständig existierende Einzeller und etwas bekannter unter der veralteten Bezeichnung »Urtierchen« bzw. »Amöbe«. In der Tat werden diese Parasiten dem Tierreich zugeordnet, während Pilze dem Pflanzenreich angehören. Unser vorheriges Beispiel von der Flora und Fauna eines Sees war also keineswegs so weit hergeholt.

Die bekannteste Protozoen-Infektion ist die *Malaria*. In der Mundhöhle trifft man am häufigsten die *Entamoeba gingivalis*, die allerdings »nur« in Zahnfleischtaschen vegetiert und nicht wirklich ins Gewebe eindringt. *Trichomonas tenax* besitzt kleine Geißelchen zur Fortbewegung und schafft es daher, bis in die Speicheldrüsen vorzudringen, wo es (allerdings sehr selten) Schwellungen verursachen kann. Über die Rolle der *Giardia lamblia* in der Mundhöhle ist so gut wie nichts bekannt. Sie trägt aber einen recht schönen Namen, was immerhin für eine Erwähnung in diesem Kapitel reicht.

Warum haben wir all diese verschiedenen Mitbewohner?

Es ist fast unmöglich, darauf eine befriedigende Antwort zu geben. Denn erstens könnte man mit der Gegenfrage kontern, warum wir nicht viel viel mehr Mikroorganismen in unserer Mundhöhle haben. Schließlich ist unser Mund das Organ bzw. die Körperöffnung mit dem stärksten Kontakt zu unserer Umwelt.

Und zweitens ist kein Mikrobiom so wie das andere. Tatsächlich ist die Zusammensetzung der mikrobiellen Flora (und Fauna!) wahrscheinlich so einzigartig wie ein Fingerabdruck.

Diese Tatsache beruht auf einigen wichtigen Variablen:

Die Beschaffenheit der Oberflächen auf denen bakterielle Biofilme anhaften und kolonisieren, ist eine wichtige Einflussgröße: Zähne sind individuell verschieden, die Schleimhäute von Zunge, Gaumen und Zahnzwischenräumen sowie der Rachenmandeln bieten unterschiedliche Besiedlungsmöglichkeiten.

Die Menge, Zusammensetzung und Biochemie des Speichels ist interindividuell sehr unterschiedlich, und genauso sind es die äußeren Einflussfaktoren wie Nahrung, Erkrankungen respektive Einnahme von Medikamenten oder auch die individuelle Mundhygiene. Damit kann sogar je nach Tageszeit die Zusammensetzung eines Biotops innerhalb ein und desselben Individuums unterschiedlich ausfallen.

Die genetische Prädisposition auf Infekte sowie der Immunstatus sind ebenfalls wichtige Variablen bei der Auswahl und Duldung geeigneter Mundhöhlen-Mitbewohner.

Und ein wichtiger Faktor für die Zusammensetzung des Mundhöhlen-Mikrobioms wird unmittelbar bei der Geburt festgelegt. Denn während die Plazenta und damit die Mundhöhle ungeborener Menschen natürlich völlig steril sind, beginnt die erste Kolonisierung der Mundhöhle sofort nach der Geburt durch Abgabe von Keimen der Mutter an ihr Kind. Je nach Geburtsweg können dies vermehrt vaginale Mikroorgansimen oder bei Kaiserschnitt solche der Haut sein, die als Erstbesiedler die größten Fraktionen stellen und damit ein Wörtchen mitzureden haben, welche anderen Mikroorganismen mitmachen dürfen und welche nicht. Auch der Stillvorgang ist eine weitere Quelle für die bakterielle Übertragung von der Mutter auf das Neugeborene.

Wir können somit die Zusammensetzung unseres Mikrobioms nur sehr eingeschränkt steuern, wobei es wahrscheinlich leichter ist, dem Ökosystem Mundhöhle Schaden zuzufügen, als es zu stabilisieren. Rauchen schadet. Scharfe Alkoholika schaden. Diverse Medikamente, insbesondere Immunsuppressiva, Chemotherapeutika, Antibiotika oder speichelreduzierende Medikamente wie Antidepressiva oder Blutdrucksenker schaden. Fremdkörper in der Mundhöhle, die Oberflächen beschädigen können, wie Piercings, Prothesen oder Zahnspangen, können schaden. Und eine vernachlässigte Mundhygiene kann ein Kippen des Ökosystems bewirken.

Ein rauchender Träger einer schlecht sitzenden Teilprothese, der meint, seine fehlende Mundhygiene mit der desinfizierenden Wirkung des täglichen Verzehrs einer Flasche Weizenkorn ausgleichen zu können und zusätzlich Antidepressiva und Blutdrucksenker einwirft, dafür aber grundsätzlich auf Obst und Gemüse verzichtet, sollte sich nicht allzu sehr wundern, wenn sein Mundbiotop schneller in die Knie geht als ein Ministrant in der Sonntagsmesse.

Öko-Test

Nicht immer ist ein gekipptes Ökosystem so klar zu erkennen wie in diesem drastischen, aber keineswegs hypothetischen Beispiel.

Wie diagnostiziert man ein gesundes respektive ein gestörtes Mundhöhlenbiotop?

Mikrobielle Untersuchungen der Mundhöhle sind heute durchaus nicht nur möglich, sondern auch kommerziell, also auch für den niedergelassenen Arzt oder Zahnarzt verfügbar. Sie stellen aber zwangsläufig nur einen partiellen Aspekt dar. Nicht jeder Nachweis eines pathogenen Keims beispielsweise durch einen positiven Test auf Mutansstreptokokken zieht zwangsläufig eine klinisch sichtbare Erkrankung (Karies) nach sich. Umgekehrt kann ein Krankheitssymptom wie etwa ein Herpesbläschen viel später auftreten als der Eintritt der eigentlichen Erkrankung.

Ein einfaches und sehr aussagekräftiges Kriterium bei der Beurteilung des Mundhöhlenbiotops ist der Zustand des Zahnfleisches sowie die Durchfeuchtung der Mundschleimhaut.

Hormonelle Veränderungen wie in Schwangerschaft oder Menopause haben bekanntermaßen Einfluss auf den Zustand des Mundhöhlenmilieus und auch des Zahnfleisches, da am Zahnfleischrand *Sulcusflüssigkeit* austritt, die in ihrer Zusammensetzung dem Blutserum stark ähnelt. Aber auch schon innerhalb der Periode können bei Frauen Veränderungen des Mundbiotops auftreten, die mitunter klinisch erkennbar sind. Auch stark gestresste Menschen neigen eher zu Zahnfleischbluten.

Psychischer Stress moduliert das Ökosystem ebenso wie bestimmtes individuelles Verhalten. Wer zu wenig Wasser trinkt, viel reden muss oder beruflich oder privat unter starkem Druck zu leiden hat, könnte schnell eine relevante Mundtrockenheit entwickeln.

Mundtrockenheit

Seit einigen Jahren liegen spezielle Fragebögen vor, die dabei helfen sollen, Mundtrockenheit von Patienten in Arzt- und Zahnarztpraxen schneller zu erkennen. Etabliert hat sich ein Screening, das von dem Australier *William Murray Thomson* entwickelt wurde und auf folgenden 5 Ja-Nein-Fragen basiert:

- »Mein Mund fühlt sich trocken an, wenn ich esse.«
- »Mein Mund fühlt sich trocken an.«

- »Ich habe Schwierigkeiten, trockene Nahrung zu essen.«
- »Ich habe Schwierigkeiten, bestimmte Speisen zu schlucken.«
- »Meine Lippen fühlen sich trocken an.«

Bei zwei oder mehr Fragen, die mit Ja beantwortet werden können, liegt wahrscheinlich eine relevante Mundtrockenheit vor.

Wie auch immer – ein trockener Mund ist kein Normalzustand. Ob und wie weit die reduzierte Durchfeuchtung zu Problemen führt, ist immer sehr individuell zu beurteilen. Im Speichel-Kapitel bin ich ja schon auf dieses Problem eingegangen. Das Ökosystem Mundhöhle braucht Feuchtigkeit.

Dem zuträglich dürfte vor allem eine gesunde, abwechslungsreiche Ernährung sein, bei der viel gekaut werden muss. So entsteht unter anderem viel wichtiger Speichel, die Eigenreinigung der Mundhöhle ist verbessert und die natürliche Plaque behält eher ihr Potenzial als Mineraldepot.

Natürlich hilft auch eine gute Mundhygiene, wobei vor übertriebenem Eifer gewarnt werden muss! Es geht nicht um Ausrottung von Bakterien, wie uns das die Zahnpastawerbung im Fernsehen mitunter weismachen möchte, sondern um Aufrechterhaltung des biologischen Gleichgewichtes.

Und bei der Einnahme von Medikamenten sollte immer auch auf Nebenwirkungen geachtet werden, die die Durchfeuchtung der Mundhöhle beeinträchtigen, wie z.B. Antidepressiva, Blutdrucksenker, Penicillin, Atropin oder Chemotherapeutika.

Ein intaktes Ökosystem ist der beste Schutz vor Erkrankungen, auch und besonders der beiden populären Gebisserkrankungen Karies und Parodontitis. Und damit geht es weiter zu den Zähnen.

6 Unsere Zähne – Kronen der Schöpfung?

Obwohl die Zahnoberflächen nur etwa 20 Prozent der Gesamtflächen der Mundhöhle ausmachen, wird ihnen weit mehr Beachtung geschenkt als beispielsweise der Zunge oder den Schleimhäuten von Gaumen und Wange, dem sensationellen Speichel oder dem Gewusel von 10 Billionen Mikroorganismen des Ökosystems Mundhöhle.

Dies hat wahrscheinlich seinen Grund hauptsächlich darin, dass Zahnerkrankungen wie Karies oder Parodontitis sehr häufig vorkommen und Zahnschmerzen schlichtweg beeindruckend sind. Furcht vor Zahnerkrankungen und Zahnverlust (als offenbar unausweichliches Schicksal) treibt eine ganze Industrie an, die Vorbeugemittel in Form von Zahnbürsten und -cremes produziert und vermarktet; auch die Angst vor Zahnschäden oder den hohen Kosten ihrer Beseitigung mag die Menschen regelmäßig zu Kontrollterminen in die Zahnarztpraxen treiben.

Nicht zuletzt gibt es seit über hundert Jahren eine eigene medizinische Sparte, die sich mit Zahnerkrankungen befasst. Darüber hatte ich ja eingangs nachgedacht.

Aber Zähne heben sich auch optisch stark hervor und werden bei allerhand Gelegenheiten gezeigt, zum Beispiel beim Lächeln, Gähnen oder einem drohenden Fletschen.

Zähne sind – wie wir gleich noch sehen werden – etwas ganz besonderes. Sie sind »gekrönte Häupter«, haben Biss und werden gelegentlich auch mal gezeigt. Gerade, gesunde Zähne sind Ausdruck von Gesundheit und Wohlstand, also gewissermaßen ein Statussymbol. »Ohne Zähne siehst Du ganz schön alt aus« zeigte vor 25 Jahren schon ein Werbeslogan deutscher Zahntechniker mit einem zahnlosen Teddy.

Übrigens noch ein weiterer Berufszweig, der direkt mit Zähnen zu tun hat.

Zahnlos in Seattle?

Ein Buch über die Mundhöhle kommt natürlich nicht ohne Zähne aus. Das hat »Vollmund« übrigens mit dem menschlichen Körper gemeinsam.

Aber ist das wirklich so? Brauchen wir Menschen wirklich Zähne zum Überleben?

Mein Urgroßvater ist über neunzig geworden und hat sich in seinen letzten Lebensjahren geweigert, seine vollständige Zahnlosigkeit mit einer Prothese zu kompensieren. Er ist meiner Erinnerung nach nicht an Unterernährung gestorben – und er war immer kreuzfidel! Ich würde sogar sagen, dass viele Äußerungen dieses Mannes, der wegen eines Hitlerwitzes im »dritten Reich« im Knast gesessen hatte, sogar ziemlich »bissig« waren. Er war nicht »auf den Mund gefallen«.

Viele Menschen weltweit kommen aus verschiedenen Gründen ohne (alle) Zähne aus. Wir Menschen sind die einzigen Säugetiere, die ohne Zähne überleben können, behauptet Professor *Jens Türp*, der in Basel einen Lehrstuhl für Funktionelle Störungen des Kauorgans innehat. Er muss es ja wissen.

Ein Zahnverlust ist also nicht wirklich schlimm und schon gar nicht lebensbedrohlich. Trotzdem wenden allein die gesetzlichen Krankenkassen in Deutschland jedes Jahr rund 15 Milliarden Euro dafür auf, Zahnschäden behandeln zu lassen und Zahnverluste zu vermeiden oder zu kompensieren. Die Aufwendungen privater Kostenträger und vor allem der Patienten dürfte in einer ähnlichen Größenordnung liegen.

Sind das überflüssige oder vermeidbare Ausgaben? Unnötige Kosten? Luxusprobleme? Hierzulande wenigstens nicht.

Denn wenn ein Zahn verloren geht, macht es ja nicht einfach »plopp« und alles ist gut (die Milchzähne, siehe Kapitel 7, einmal ausgenommen). Oft gehen dem Zahnverlust Beschwerden, Krankheit und nicht selten heftige Schmerzen voraus. Und leider mitunter viele qualvolle Stunden auf dem Zahnarztstuhl. Nicht gut.

Es ist schon gut und richtig, dass erkrankte Zähne medizinisch behandelt werden. Irgendwie ist man dann ja doch froh, dass es Zahnärzte gibt.

Die Kunst des Seinlassens

Ich möchte als Zahnarzt natürlich für die Erhaltung gesunder Zähne und die kurative Wiederherstellung erkrankter Zähne plädieren. Aber auch für Gelassenheit.

Manchmal ist weniger mehr. Und als Arzt oder Zahnarzt sollte es eine immer auch zu berücksichtigende Option sein, nicht zu behandeln und der Natur ihren Lauf zu lassen.

Der Freiburger Medizinethiker *Prof. Dr. Giovanni Maio* hat hierüber einen beachtenswerten Aufsatz verfasst, in welchem er Werte wie Sorgfalt, Ruhe, Weitsicht und Reflexivität als »unabdingbar« für eine gute medizinische Betreuung herausstellt. Ärzte werden im Zuge der Ökonomisierung der modernen Medizin eher nach Wachstumszahlen oder betriebswirtschaftlichen Erfolgen bewertet. Viele Patienten wünschen sich aber lieber Ärzte, die vor allem beraten und begleiten.

In der Tat werden heute in unserer Gesellschaft häufig viele Erkrankungen und Leiden behandelt, die im Zuge der Selbstheilungs- und Erholungskompetenzen des menschlichen Körpers auch ohne weiteres Zutun zur Ausheilung kommen können. Auch im Mund gibt es, salopp gesagt, Erkrankungen, die ohne Behandlung 7 Tage dauern und mit Behandlung nach einer Woche verschwunden sind.

Menschen mit Zähnen, mit Zahnproblemen und mit Zahnverlust hat es ja zu allen Zeiten gegeben, lange bevor man überhaupt mittelalterliche Zahnbrecher, quacksalbernde Barbiere, geschweige denn moderne Zahnärzte kannte. Ist es nicht so, dass die Menschheit zigtausende von Jahren ohne Zahnärzte überwiegend erfolgreich überlebt hat?

Sind Zähne in grauer Vorzeit vielleicht gar nicht erkrankt? Denn ziemlich sicher gelten Karies und mit Abstrichen auch Parodontitis als Zivilisationskrankheiten.

Prähistorische Schädelfunde geben uns durchaus Hinweise auf Zahn- und Gebisserkrankungen, die für das betreffende Individuum wahrscheinlich nicht tödlich gewesen sind. So wurde 1921 in Broken Hill im heutigen Simbabwe ein sehr gut erhaltener fossiler Schädel eines Erwachsenen gefunden, der dem *homo rhodesiensis* seinen Namen gab. Dieser Schädel aus dem Ende des Pleistozäns wies allein bei den 16 Oberkieferzähnen sage und schreibe 10 kariöse Läsionen auf, einige davon hatten bereits zu Wurzelabszessen geführt. Man kann hier nicht genau sagen, ob diese Abszesse tödlich gewesen sind, aber etliche andere Funde weisen darauf hin, dass dem meistens nicht so gewesen sein muss. Karies hat also die Menschheit schon immer (schmerzhaft) begleitet.

Somit muss die Natur respektive die Evolution ja irgendwie Vorsorge getroffen haben, dass die Zähne nicht zur Schwachstelle unseres Organismus werden. Eigentlich sind Zähne so ziemlich das Gegenteil von »Schwachstelle«, wie wir gleich noch sehen werden.

Hart im Nehmen

Zähne haben viele Besonderheiten, die sonst nirgends am Körper zu finden sind. Sie sind daher einzigartig und – um es schon einmal vorweg zu nehmen – ein Meisterwerk der Natur. Unsere Kauwerkzeuge sind die einzige durchblutete Struktur und das einzige am zentralen Nervensystem angeschlossene Organ, das gleichzeitig permanent sowohl im Körper wie außerhalb des Körpers liegt. Denn die Mundhöhle als Körperöffnung ist ja wie erörtert eine Grenze zur Außenwelt, also im Grunde eine Körperoberfläche.

Auf Hautanhangsgebilde wie Fingernägel oder Haare trifft es natürlich auch zu, die Körperoberfläche nach außen zu durchdringen. Sie sind aber nicht durchblutet oder innerviert und werden – anders als Zähne – ständig abgestoßen bzw. erneuert.

Damit diese Herausforderung, quasi mit der einen Hälfte im sterilen Knochen und mit der anderen in der bakterienreichen Mundhöhle zu leben, funktioniert, benötigt der Zahn ein besonderes Schutzsystem für diese Schnittstelle. Dieses sogenannte *marginale Parodont*, (übersetzt etwa: »Rand um den Zahn«), wird in einem Extra-Kapitel behandelt – Ehre, wem Ehre gebührt!

Eine weitere Besonderheit des Zahnes ist, dass er nicht wirklich heilen kann, wenn er kaputt ist. Zwar gibt es durchaus Selbstheilungsmechanismen, diese sind aber ziemlich begrenzt. Zähne haben bei Erkrankung oder Beschädigung also keine zweite Chance.

Wenn also in grauer Vorzeit, lange bevor es Zahnärzte gab, dem Höhlenmenschen beim Kampf mit dem Säbelzahntiger oder einem unvorsichtigen Biss auf den Mammutknochen ein Zahn tief abbrach, dann musste er in Kauf nehmen, dass im besten Fall der abgebrochene und infizierte Zahnstumpf irgendwann mehr oder weniger schmerzhaft heraus eiterte und der Kiefer an dieser Stelle dann ausheilen konnte. Eben damit die Körperoberfläche wieder intakt ist.

Auch die Entzündung des Zahnhalteapparates, die *Parodontitis*, ist letztlich eine Schutzmaßnahme des Körpers, um eine infizierte Perforation seiner Oberfläche zu beseitigen.

Wir können also hier schon einmal festhalten, dass Zähne von der Natur bei einer Erkrankung nicht wirklich geheilt werden beziehungsweise bei Verlust nicht ersetzt werden.

Was weg ist, ist weg

Dennoch gibt es natürlich Alterungsprozesse der Zähne und Adaptationen an äußere Einflüsse. Ein sechzig Jahre alter Zahn sieht (innen und außen) eben nicht mehr so aus wie der eines Viertklässlers.

Abnutzung ist dabei ein solcher Prozess. Wir unterscheiden heute drei Arten der Abnutzung:

1. *Erosion* nennt man den säurebedingten Verlust von Zahnhartsubstanz. Der Schmelz sieht dann oberflächlich sehr glatt aus, wie ein Kieselstein. Bedingt durch seine Ausdünnung schimmert das gelbe Dentin, die Innensubstanz des Zahnes, stärker durch. Das »Zahnweiß« schwindet.
2. *Abrasion* bezeichnet die Abnutzung einer Zahnfläche, beispielsweise die Schneidekante eines Frontzahnes oder die Kaufläche eines Backenzahnes, durch permanente übermäßige Konfrontation mit einem Fremdkörper. Zu harte Keramikkronen an einem Gegenzahn, das jahrelange Kauen auf einer Tabakspfeife oder Zungenpiercings verursachen derartige Abrasionen. Um nur einige Beispiele zu nennen.

3. Mit *Attrition* ist der Hartsubstanzverlust gemeint, der auftritt, wenn eigene Zähne von Ober- und Unterkiefer gegeneinander reiben. Abrasionen und Attritionen hinterlassen nicht selten geradezu hochglanzpolierte, sehr ebene und scharf begrenzte Schlifffacetten.

Es gibt noch eine weitere Form des Zahnhartsubstanzverlustes, die durch Belastung auftritt und daher im weiteren Sinne »natürlich« ist, nämlich den sogenannten »keilförmigen« Defekt am Zahnhals. Diese Defektform resultiert aus verwindungsbedingten Spannungen am Übergang von der schmelzüberzogenen Zahnkrone zur schmelzfreien Zahnwurzel. Als Folge dieser Spannungen kommt es zu Mikrofrakturen in der Kristallitstruktur des Zahnschmelzes (s. Kapitel 9). Diese mikroskopisch kleinen Abfrakturen summieren sich zu den typischerweise scharf begrenzten keilförmigen Defekten am Zahnhals. Gelegentlich können diese oft kariesfreien Zahnhalsdefekte unangenehme Empfindlichkeiten verursachen.

Schmelzrisse weisen auf mechanische oder auch thermische Belastungen hin. Sie treten sehr häufig an den großen Außenflächen der vorderen Zähne in vertikaler Verlaufsrichtung auf und sind im Prinzip völlig ungefährlich. Gelegentlich färben sie sich etwas bräunlich ein, erstaunlicherweise oft ziemlich symmetrisch.

Auch im Zahninneren sieht man dem Zahn sein Alter an. Die Markräume des Zahnes, in der die sog. Zahnpulpa liegt, werden kleiner. Dies geschieht durch die Bildung sekundärer beziehungsweise tertiärer Zahnhartsubstanz aus den peripheren Zellen der Pulpa. Dieser im Grunde lebenslange Nachschub von Material aus dem Zahninneren ist tatsächlich eine Art Heilungsprozess. In jedem Fall aber eine Kompensation von außen am Zahn etwa durch Attrition verloren gegangener Hartsubstanz.

Als kleines Zwischenfazit halten wir fest, dass Zähne im Laufe unseres Lebens abnutzen, ihre Oberfläche verändern und gelber werden. Und dass das im Übrigen völlig normal ist und daher nicht zwangsläufig behandelt werden muss.

Wie lange halten Zähne eigentlich?

Dieser Frage ist in der Altersforschung durchaus ernsthaft und ausgiebig Beachtung geschenkt worden. Wir sehen heute viele Hochbetagte mit eigener und natürlicher Bezahnung, also mit Zähnen, die nicht selten 80-90 Jahre in Betrieb waren. Die oben aufgeführten Verschleißerscheinungen lassen sich dann regelmäßig feststellen.

Dass Zähne ein Leben lang halten können, scheint ebenso von der Natur vorgegeben zu sein, wie das Überleben des Menschen ohne einige oder ohne alle Zähne.

Interessant ist diese Überlegung allemal. Denn in grauer Vorzeit war die Lebenserwartung natürlich wesentlich geringer als heute. Zähne hätten, evolutionsbiologisch betrachtet, eigentlich nicht sehr viel länger als 40-50 Jahre halten müssen. Dass die überwiegend in den Industrienationen durchschnittlich höhere Lebenserwartung mit einer höheren Anzahl an eigenen Zähnen einhergeht, ist eine bemerkenswerte Entwicklung. Denn nicht zuletzt sind es die Segnungen der modernen Zeit, die uns nicht nur älter werden lassen, sondern gleichzeitig auch in Form der Zivilisationskrankheiten Karies und Parodontitis unseren Zahnbestand gefährden.

Unser Zahnstatus

Abb. 17
Zahnstatus Erwachsener

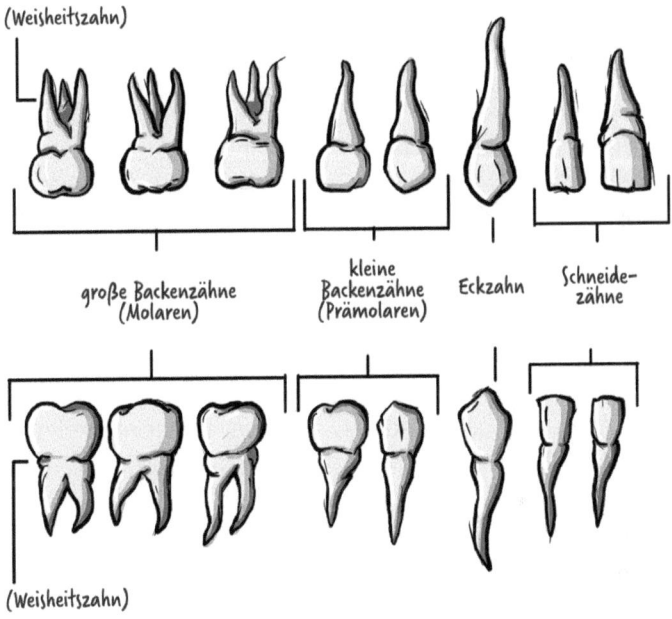

(Weisheitszahn)

große Backenzähne
(Molaren)

kleine
Backenzähne
(Prämolaren)

Eckzahn

Schneide-
zähne

(Weisheitszahn)

Erwachsene haben normalerweise 32 Zähne. Oben wie unten je 4 Schneidezähne (= *Inzisivi*), 2 Eckzähne (= *Canini*) sowie 4 kleine und 6 große Backenzähne (= *Prämolaren* und *Molaren*). Nicht immer sind alle Zähne angelegt und manchmal gibt es auch überzählige Zähne. Wozu benötigen wir überhaupt verschiedene Zähne?

Schneidezähne

Nomen est omen: die fantastischen Vier im Ober- und die im Unterkiefer scheren gegeneinander und können tatsächlich so eine Schneidewirkung erzielen. Außerdem beißen sie ab, halten Nahrung fest, stützen die Lippen, bilden die deswegen so genannten Dentallaute, sehen gut aus bzw. werden gezeigt, wenn es nötig ist.

Eckzähne

Schon klar, sie stehen auf Eck. Ist aber irgendwie eine ziemlich nichtssagende Angabe. *Caninus* ist der medizinische Fachbegriff für Eckzahn. Das leitet sich vom lateinischen *canis* = Hund ab und bringt uns beim Verständnis dieser »Hauer« schon weiter, denn Hunde besitzen beeindruckende Eckzähne.

Noch beeindruckender sind die der legendären Säbelzahntiger, um die Aufgabe der Eckzähne jetzt mal krass zu verdeutlichen: es sind Fang- und Haltezähne, mit denen sich das Raubtier im Opfer verbiss. Graf Dracula lässt grüßen.

Wir Menschen brauchen das nicht mehr, aber wir halten damit tatsächlich auch Nahrung fest. Eine Karotte beißen wir eigentlich nicht ab, sondern halten sie mit den Eckzähnen fest und brechen sie mit der Hand ab. Auch beim Verzehr einer Gänsekeule kommt der Tiger in uns zum Vorschein.

Ansonsten hat der Eckzahn eine Führungsaufgabe beim Mahlen der Zähne: er hebelt die Kiefer im Idealfall etwas aus und schützt so die Höcker der Backenzähne vor Abnutzung.

Backenzähne

Na so was! Da hört man immer das leicht vorwurfsvolle »Wange«, wenn man Wange meint und »Backe« sagt. Die Schlauberger, die uns da um sprachliche Präzision ersuchen, verorten die Backen an den Po – und da haben unsere Mahlzähne nun wirklich selten etwas verloren. Ich habe den Begriff »Wangenzähne« jedenfalls noch nicht gehört. Weniger missverständlich ist jedenfalls der Fachbegriff *Molar*.

»Molaris« heißt auf Latein »Mühlstein« und kommt dem deutschen Wort »mahlen« oder »malmen« vielleicht am nächsten. Damit ist klar, was die Hauptaufgabe der Molaren und der vorgelagerten kleineren »Prä-Molaren« ist. Nämlich Nahrung zu zerquetschen.

Pflanzenfresser wie Kühe oder Elefanten zermahlen ihre faserige Nahrung ausschließlich. Ihre Backenzähne sind flach wie ein Ziegelstein, allerdings mit beeindruckenden Fissuren. Mit Ihnen wird das Zerkleinern ähnlich erleichtert wie mit einer Raspel.

Hunde oder Katzen sind *Carnivoren*, also Fleischfresser. Sie zerkleinern ihre Nahrung durch eine Hackbewegung. Ihre Backenzähne bestehen fast ausschließlich aus spitzen Höckern, die eine Mahlbewegung unmöglich machen würden. Der Wauwie oder die Mietzekatze würde sich permanent verhaken. Daher gibt's lecker Gehacktes.

Menschliche Backenzähne müssen sowohl Mahlen wie auch Hacken beherrschen. Deswegen haben wir etwas flachere Höcker als Hunde und nicht ganz so beeindruckende Fissuren wie Elefanten.

Die Frage, womit wir uns ernähren beziehungsweise ernährt haben, ist nicht ganz unwichtig, wenn man die Entwicklungsgeschichte des Menschen verstehen möchte. Paläoanthropologen, wie beispielsweise *Kornelius Kupczik* vom Max-Planck-Institut für evolutionäre Anthropologie in Leipzig, betrachten nicht nur die Kauflächen fossiler Zähne, sondern auch die Ausrichtung der Zahnwurzeln im Kiefer. Anhand einer CT-Analyse der Stellung der Backenzahnwurzeln im Kiefer ist es laut einer Studie eines Forscherteams aus Leipzig, Santiago de Chile und Oxford möglich, die Nahrung unserer urzeitlichen Vorfahren zu rekonstruieren und so die menschliche Evolutionsgeschichte des *Homo sapiens* besser zu verstehen.

Der hinterste Backenzahn heißt auch *Sapiens* = Weisheitszahn. Vielen Menschen werden diese Zähne im späten Teeniealter operativ entfernt. Das ist nicht immer erforderlich, macht aber auch nichts. Es gibt Menschen, die nie Weisheitszähne hatten und es trotzdem zu etwas gebracht haben. Ich rate im Zweifel von unnötigen Operationen ab und verweise auf einen alten chirurgischen (!) Grundsatz, dass nämlich die beste Operation die sei, die man nicht machen muss. *Giovanni Maio* lässt grüßen.

Der Aufbau der Zähne

Nachdem ich Ihnen nun die ganze Truppe vorgestellt habe, möchte ich jetzt mit Ihnen etwas genauer hinsehen, wie so ein Zahn aufgebaut ist.

Jeder Zahn verfügt über eine *Krone*. Das ist der für uns sichtbare Teil, der aus dem Zahnfleisch herausragt. Wenn Sie beim Blick in den Vergrößerungsspiegel mehr vom Zahn sehen können als seine Krone, ist das nicht normal – aber meistens auch nicht tragisch.

Die Zahnkrone ist das Arbeitsende unseres Kauwerkzeuges,

dessen verschiedene Funktionen ich Ihnen ja schon beschrieben habe.

Das andere Ende, die *Zahnwurzel*, steckt unsichtbar im Zahnfleisch bzw. Knochen. Dieser Verbund, der Zahnhalteapparat, ist dermaßen wichtig, dass er gleich noch ein eigenes Kapitel bekommt. In der Abbildung 18 haben wir Ihnen einmal den Aufbau anhand eines Frontzahnes und eines Molaren verdeutlicht.

Genau wie die Zahnkronen unterschiedliche Formen und Aufgaben haben, sind auch die Wurzeln ziemlich verschieden – und charakteristisch für den jeweiligen Zahn. Die meisten unserer Zähne haben nur eine Wurzel: alle Schneide- und Eckzähne sowie drei der vier Prämolaren (das sind die kleinen Backenzähne). Neben diesen 18 Einwurzlern finden 8 Zähne Halt über zwei Wurzeln, nämlich alle Unterkiefer-Backenzähne und die ersten oberen Prämolaren. Die übrigen sechs Kameraden, das sind die oberen Backenzähne, haben in der Regel sogar drei und mehr Wurzeln.

Aber keine Regel ohne Ausnahme. Oder besser gesagt: ohne *Varianten*. Wie überall in der menschlichen Anatomie gibt es mehr oder weniger häufig vorkommende Abweichungen von der Norm. Daher gibt es auch obere Backenzähne mit nur zwei oder gar nur einer Wurzel, untere Schneidezähne mit Doppelwurzel und Weisheitszähne mit vier, fünf oder manchmal sechs Wurzeln.

Unsere Zähne sind somit bei Wurzelbehandlungen oder Extraktionen immer mal für eine Überraschung gut. Ansonsten ist es eigentlich für einen gesunden Zahn ziemlich wurscht, wie viele Wurzeln er besitzt.

Der Übergang von der Wurzel zur Krone heißt Zahnhals. Im Medizinerlatein werden diese Abschnitte *radix, cervix* und *corona* genannt. Ich finde das eigentlich ganz hübsch. Wenn Sie

Ihren Zahnarzt bei der Routinekontrolle übrigens so komische Zahlen und Worte sagen hören, sind dies oft aus dem Lateinischen abgeleitete Worte einer Systematik, die die Befunddokumentation erheblich erleichtert.

Es geht NICHT darum, Sie im Unklaren lassen zu wollen oder bei Ihnen durch gemurmelte lateinische Beschwörungsformeln Eindruck zu schinden.

Abb. 18

Zahnaufbau

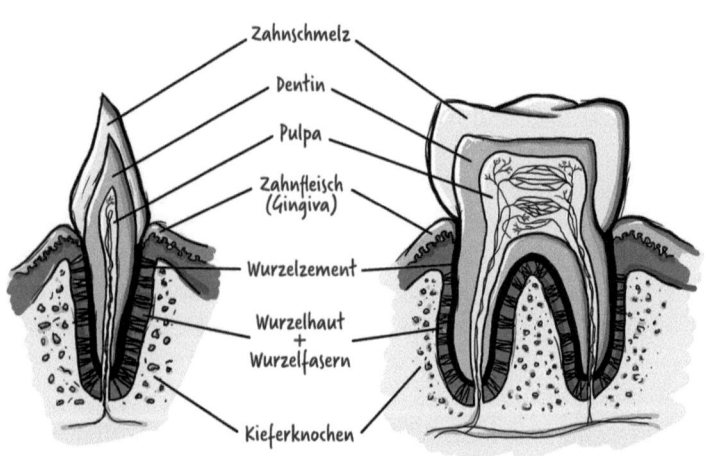

Zahnschmelz

Dentin

Pulpa

Zahnfleisch (Gingiva)

Wurzelzement

Wurzelhaut + Wurzelfasern

Kieferknochen

Das Dentin

Radix, Cervix und Corona bestehen hauptsächlich aus *Zahnbein*, dem *Dentin*. Dentin besteht (ähnlich wie kompakter Knochen) zu 70 Prozent aus Mineralien, hauptsächlich Calciumhydroxylapatit, zu 20 Prozent aus organischem Material, hauptsächlich Kollagen, sowie zu 10 Prozent aus Wasser.

Selten findet man für Dentin auch die lateinische Bezeichnung »*Substantia eburnea*«. Übersetzt »Elfenbein«.

Gebildet wird diese Zahnhartsubstanz von speziell dafür eingerichteten und genetisch programmierten Zellen, den sogenannten *Odontoblasten*, die im Grunde lebenslang aktiv sind. Diese Zellen sitzen dabei gar nicht selber im Dentin, sondern in der Markhöhle des Zahnes, der *Pulpa*. Aus der Pulpa beziehen die Odontoblasten ihre Rohstoffe und ihren Nachschub. Das übrigens lebenslang produzierte Dentin wird über einen antennenartigen Fortsatz dieser Zahnbildner-Zellen, die *Tomessche Faser*, abgegeben. Diese schwimmt in einer zirka ein Mikromillimeter dünnen Röhre, dem *Dentintubulus*. Diese Tubuli sind im Zahn radiär um die Zahnachse angeordnet und mit einer Flüssigkeit, dem sogenannten *Liquor*, gefüllt. Sie reichen bis in die Peripherie des Dentins.

In der Abbildung 19 haben wir dies einmal stark verdeutlicht dargestellt (die Größenverhältnisse stimmen daher so nicht).

Die Tomessche Faser wird von einem sehr dünnen marklosen Nervfortsatz begleitet. »Marklos« ist eine eigentlich nicht ganz korrekte Bezeichnung, soll aber ausdrücken, dass es sich um einen vergleichsweise langsam leitenden Nerv handelt. Die meisten unserer Nerven sind mit einer sogenannten Markscheide ummantelt und können so beschleunigt Reize in wenigen Millisekunden weiterleiten.

Abb. 19
Dentin

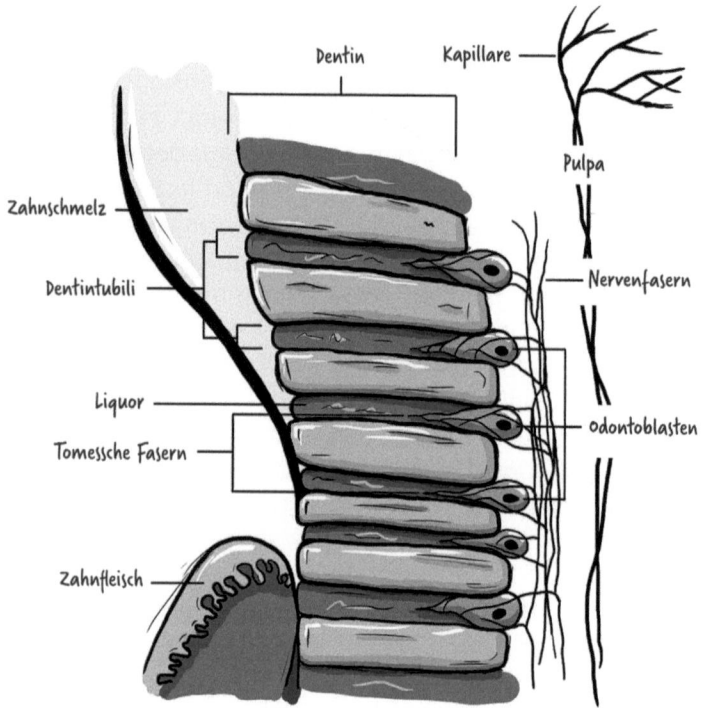

Dentin

Kapillare

Pulpa

Zahnschmelz

Dentintubili

Nervenfasern

Liquor

Tomessche Fasern

Odontoblasten

Zahnfleisch

Karies-Zahnschmerzen werden von marklosen Nervfasern übertragen, wenn etwa Bakterien von außen durch das Loch im Zahn in die Tubuli eindringen und die dortigen Strukturen angreifen. Kariesschmerz ist daher natürlich ein quälender, aber in der Regel langsamer Schmerz.

Aber auch die blitzschmerzartige Empfindlichkeit freilegender Zahnhälse oder abgebrochener Zähne kann man recht gut mit dem Aufbau der Dentintubuli erklären: Kommt das Dentin beispielsweise mit etwas Kaltem in Kontakt, zieht sich der Liquor im Tubulus zusammen und staucht so die Nervfaser. Weil dies recht rasch passiert, nehmen wir einen blitzartigen Schmerz wahr. Ähnlich funktioniert das mit Süßem: hier kommt es zur Ausdehnung der Flüssigkeitssäule zum höher konzentrierten Zuckermedium am Zahn hin. Natürlich in diesem Falle mit entsprechender Dehnungsreizung der Nervfaser.

Zahncremes gegen empfindliche Zahnhälse versuchen, diese »freiliegenden« Tubuli mit unterschiedlichen mineralischen Substanzen zu verstopfen. Manchmal funktioniert das sogar ganz gut. Säure und/oder Abnutzung durch falsches Putzen können diesen Effekt allerdings schnell wieder zu Nichte machen.

Die Pulpa

Die »Anschlüsse« für Nerv und Odontoblasten liegen in der Markhöhle des Zahnes, der *Pulpa*, und bestehen aus einem Bündel aus grazilen Blut- und Lymphgefäßen sowie einer dickeren Nervfaser. Letztere hat der Pulpa seinen umgangssprachlichen Rufnamen »Zahnnerv« verpasst. Dabei ist »Pulpa« – natürlich – Latein und bedeutet »Fleisch«. Wenn man gelegentlich das zweifelhafte Vergnügen hat, eine Pulpa aus dem Zahn zu ziehen, und diese im Ganzen betrachten kann, könnte man denken, dass man einen Wurm vor sich liegen hat. Ich vermute, dass die mittelalterliche Darstellung des »Zahnwurms« mit dieser Assoziation zusammenhängt.

Die Pulpa wird in einen Kronen- und einen Wurzelabschnitt eingeteilt. Meistens im Bereich der Wurzelspitze verlässt dieser Kabelstrang den Zahn und vereinigt sich mit Nachbar«kabeln« zu immer größeren Strukturen und mündet schließlich in einer der Hauptnerven oder –gefäßbahnen.

Wenn die Pulpa einmal bakteriell entzündet, vereitert oder bereits verwest ist, dann wird über eine Wurzelkanalbehandlung die Markhöhle des Zahnes gereinigt, desinfiziert und versiegelt. Angesichts der wirklich grazilen Ausdehnung der Wurzelkanäle, besonders bei mehrwurzligen Zähnen, ist dies eine der diffizilsten zahnärztlichen Tätigkeiten. Durchmesser von einigen Zehntel Millimetern (und weniger) erfordern viel Können, Zeit und ein hochsensibles Instrumentarium.

Dem Wurzeldentin liegt das sogenannte *Zement* auf, welches eigentlich schon Teil des Zahnhalteapparates ist. Es wird daher etwas später in einem separaten Kapitel besprochen.

Das Dentin der Zahnkrone ist normalerweise von *Schmelz* bedeckt. Diese fantastische Struktur besprechen wir ausführlich in Kapitel 9.

Das Dentin des Zahnhalses ist auf einer sehr kleinen Fläche weder von Zahnschmelz noch von Zement bedeckt. Das ist kein Problem, solange der Zahn bis zum Hals im Zahnfleisch steckt. Diese sehr wichtige Schnittstelle wird in den beiden nächsten Kapiteln erörtert.

7 Wozu brauchen wir eigentlich Milchzähne?

Als zweite Chance, falls es in der Kindheit nicht so recht mit dem Zähneputzen gekappt hat?

Als Platzhalter für die bleibenden Zähne?

Weichere Zähne als »Erstausstattung«, damit es der Mutter beim Stillen nicht so weh tut?

Oder wegen der Zahnfee? Die Zahnfee geht übrigens auf einen erst Anfang des 20. Jahrhunderts in Amerika entstandenen Mythos zurück. So tauscht die Zahnfee nachts einen verlorenen Milchzahn, den das Kind unter sein Kopfkissen legt, gegen eine Goldmünze oder ein anderes Geschenk aus.

Warum also Milchzähne? Erklärungsversuche wie oben zitiert geistern durch diverse Frage-Antwort-Foren des Internets, in denen tatsächlich diese Frage immer wieder gestellt wird. Aber auch in der zahnmedizinischen oder embryologischen Literatur muss man schon etwas genauer suchen, um eine plausible Antwort zu bekommen. Und man erfährt nebenbei sehr interessante Fakten über unsere Erstbezahnung.

Die Milchzähne entstehen schon in der *Fetalphase*, etwa ab der 6. Woche. Sie brechen nach Ihrer Entstehung im Kieferknochen in die Mundhöhle in der Regel um den 6. Lebensmonat durch, angefangen mit dem unteren mittleren Schneidezahn. In den darauf folgenden 18 Monaten komplettiert sich das Milchgebiss auf insgesamt 8 Schneidezähne, 4 Eckzähne und 8 Backenzähne.

Ungefähr ab dem 6. Lebensjahr beginnen die Milchzähne zu-gunsten der Bleibenden auszufallen. Dieser Zahnwechsel ist im Teeniealter, etwa mit 12-14 Jahren abgeschlossen.

Ob die Milchzähne übrigens ihren Namen wegen Ihr weiß-lich-bläulichen Farbe (die Erwachsenenzähne sind tatsächlich ein ganzes Stück gelblicher) oder wegen Ihres Auftretens nach der Stillzeit tragen, ist nicht mit letzter Sicherheit zu beantwor-ten. In fast allen europäischen Sprachen heißen sie jedenfalls so.
  Der Berliner Kulturwissenschaftler *Prof. Hartmut Böhme* erklärt den flächendeckenden und epochenübergreifenden Sprachgebrauch hinsichtlich der Milchzähne mit Vorlagen aus dem Alten Testament: »*Feurig von Wein funkeln die Au-gen, seine Zähne sind weiß wie Milch*« (Gen. 49,12); im Hohen Lied Davids ist die Milch von der wir leben, bevor wir Zähne bekommen Metapher der Vitalität und Schönheit, die von den Zähnen ausstrahlen: »*Die Augen sind lebhaften Tauben gleich; die Zähne, in Milch gebadet, sitzen fest.*« (Hld. 5,12)

Der Durchbruch

Der Zahndurchbruch, also der Durchtritt eines Zahnes vom Kiefer durch die Mundschleimhaut in die Mundhöhle ist eine faszinierende und geniale Leistung unseres Körpers.

Denn die Auskleidung der Mundhöhle mit *Mukosa* ist – wie im Kapitel über die Mundschleimhaut beschrieben – natür-lich ein vollständiger und wichtiger Schutz des Körperinneren gegen die Außenwelt. Mit dem Durchtritt der Zähne muss diese Schutzhülle kurzfristig perforiert werden, ohne aber die Integrität der Körperoberfläche zu verletzen.
  Das ist etwa genauso knifflig wie ein Paddel mitten durch die Bordwand eines Schlauchboots zu stecken ohne in Luft- und damit Seenot zu geraten. Wie löst unser Körper dieses Problem?

Der erste Zahn wird ähnlich wie ein neues Automobil lange vor seiner Premiere bereits im Verborgenen konstruiert, mit fertiger Zahnkrone und fast fertiger Zahnwurzel ausgeliefert und mit großem Hallo der staunenden Öffentlichkeit vorgeführt.

Die jungen Eltern, die Großeltern, die ganze Familie und der engere Freundeskreis werden freudig über die Ankunft des ersten Zähnchens informiert, es gibt sogar Glückwunschkarten dafür zu kaufen.

Kurzum: der erste Zahn ist eine Sensation!

Was übrigens wirklich so ist, wie Sie gleich sehen werden. Aber schon mit dem zweiten Zahn lässt die anfängliche Begeisterung spürbar nach und erlischt mit den weiteren Zahnungen vollständig – so müssen wir schon sehr früh lernen, dass Wiederholungen sich in der Außenwirkung irgendwann abnutzen und das verwöhnte Publikum etwas Neues braucht, um begeistert zu applaudieren.

Aber back to the roots!

Wie Wurzel und Knochenfach entstehen

Das Wurzelwachstum setzt ein mit Fertigstellung der Zahnkrone und löst eine Reihe von Umbau- und Differenzierungsvorgängen im Kieferknochen aus, der bis dato eigentlich nur ganz normaler Knochen war. Der Zahnkeim, der aussieht wie eine Glocke, induziert nicht nur die Ausbildung und Formung eines Zahnfachs, der Alveole, sondern stimuliert vor allem auch den Knochen zum Wachstum.

Ist die Krone des Zahnes also weitgehend fertiggestellt, beginnt an der sogenannten *Hertwigschen Epithelscheide* (etwa auf Höhe des späteren Zahnhalses) die Produktion von Stammzellen, die in weiter spezialisierte Produktionszellen differenzieren und unter anderem den *Faserapparat* bilden, der den synchron gebildeten *Wurzelzement* mit dem Kieferknochen verbindet. Durch spezielle Botenstoffe erkennen die knochenbildenden Zellen im Kiefer, dass hier ein Zahnfach, eine *Alveole*, entstehen soll und formen den Knochen entsprechend aus (siehe auch Abbildung 20).

Gleichzeitig rühren die fleissigen Zahnwerkerzellen nach Plänen aus dem genetischen Konstruktionsbüro emsig Zement bzw. Zahnbein an und bauen an der Wurzel weiter. Dabei entstehen je nach Vorgabe ein-, zwei-oder dreiwurzlige Zähne.

Als ob es nicht schon erstaunlich genug wäre, dass mitten im völlig unbedarften Kieferknochen so aus dem Nichts ein Zahn wächst, ist der bemerkenswerteste Part die Bildung des Zahnhalteapparates, des sogenannten *Parodonts*, eine für die spätere Funktion des Zahnes elementar wichtige Struktur.

Zwischen Wurzeloberfläche und Knochenfach, das mittlerweile zu einer kompakten Schicht mit vielen kleinen Perforationen, ähnlich wie ein Sieb, geworden ist, bildet sich die Wurzelhaut, das *Desmodont*.

Das Desmodont besteht aus Bindegewebe, vielen Spezialzellen zur Modellation von Knochen sowie Wurzelzement und vor allem aus *Kollagenfasern*. Diese werden aus Eiweißen gebildet, zu Büscheln vereinigt und wachsen sowohl von der Wurzeloberfläche wie auch von der Knochengrenze aufeinander zu. Wie so oft trifft man sich in der Mitte und somit entstehen Faserverbindungen zwischen Wurzeloberfläche und Knochen. Sie werden nach ihrem Entdecker *Sharpeysche Fasern* genannt und in unserer Abbildung 20 verdeutlicht.

Komplettiert wird das Desmodont durch eine Blutversorgung und natürlich Nerven. Diese und ihre Bedeutung werden im nächsten Kapitel beleuchtet.

Abb. 20

Zahnhalteapparat/Parodontalspalt

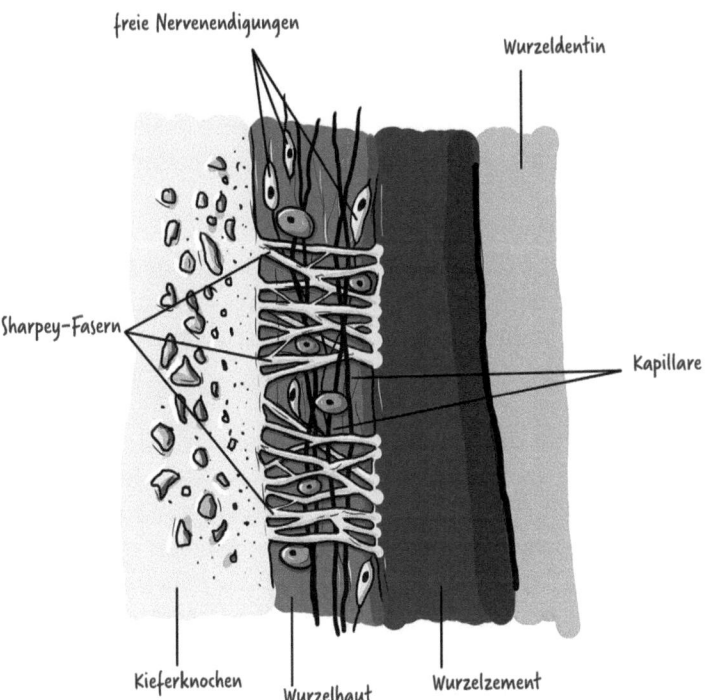

freie Nervenendigungen

Wurzeldentin

Sharpey-Fasern

Kapillare

Kieferknochen

Wurzelhaut

Wurzelzement

Mit Entstehung der Wurzel wächst also auch zwangsläufig der zahntragende Kieferknochen.

Dies gilt nicht nur für die Wachstumsperiode der Milchzähne, die bis zum 6. Lebensjahr abgeschlossen ist, sondern natürlich auch für die bleibenden Zähne.

Deren Wurzelwachstum setzt meist schon um das vierte Lebensjahr ein und ist eigentlich erst mit Fertigstellung des Weisheitszahnes als *Mid-Twen* abgeschlossen. Dann erst ist man ausgewachsen bzw. erwachsen.

So erklärt sich wohl auch der Begriff »Weisheitszahn«: Wenn diese mit circa 18 Jahren im Mund erscheinen (oder auch nicht), dann ist der Gesellenbrief oder das Abi im Sack und man gilt als »weise«.

Damit wäre also schon einmal die Eingangsfrage beantwortet: wir brauchen die Milchzähne und einen zweiten, größeren (!) Satz Zähne für das kontinuierliche Wachstum unserer Kieferknochen!

Zum Zeitpunkt der Geburt ist der Schädelanteil, der das Gehirn enthält, in Relation viel größer als der des Gesichtsschädels – was sich ja bekanntermaßen mit zunehmendem Wachstum stark relativiert. Mit anderen Worten: der Gesichtsschädel muss im Wachstum stark aufholen. Da dieser Teil des Kopfes aber maßgeblich aus Ober- und Unterkiefer besteht, benötigen wir hier stärkere Wachstumsimpulse.

Und genau die kommen, wie wir ja gesehen haben, von den Zähnen! Offenbar hat die Evolution diesen Effekt zweimal eingeplant: eine erste Wachstumsphase durch die Milchzähne. Eine zweite durch die Bleibenden.

Jetzt muss nur noch die Frage beantwortet werden, wie wir jetzt das Paddel durch das Schlauchboot bekommen, ohne unterzugluckern?

Durch einen simplen wie genialen Trick bzw. eine Verwandlung.

Qualifikationsmaßnahme: Mukosa wird zu Gingiva

In der Abbildung 21 haben wir im Zeitraffer einmal die Entstehung eines Zahnes dargestellt:

Die Ursprungszellen, aus denen sich später der Zahn im Kieferknochen bildet, sind sogenannter ektodermaler Herkunft. Das Ektoderm ist das äußere der drei embryonalen Keimblätter, man könnte diese auch als »Uranlagen« bezeichnen. Aus ihm entstehen unter anderem auch die Haut, die Auskleidung des Vorder- und Enddarms oder die Sinnesorgane. Als erstes bildet sich eine sogenannte Zahnleiste (1.)

Daraus entstehen glockenförmige Zahnanlagen, die Zahnkeime. Sie bestehen zunächst nur aus der späteren Zahnkrone (2.) Erst später bildet sich, wie oben beschrieben, die Wurzel.

Während des Wurzelwachstums drückt sich der noch unfertige Zahn im Kieferknochen in Richtung Körperoberfläche beziehungsweise Mundhöhle und damit früher oder später unter die noch intakte Mundschleimhaut, die *Mukosa* (3.).

Die Mukosa wird vom *Zahnkeim* »unterwandert«, bildet unter dem Druck des herannahenden Zahnes eine Zellschicht bis an das sogenannte Zahnsäckchen und beginnt mit ihm zu verwachsen (4.)

Das Zahnsäckchen wird auch »*Follikel*« genannt und ist eine runde, sehr derbe Bindegewebskapsel, die wie eine Taucherglocke um die Zahnkrone sitzt und am Zahnhals mit dem Zahn fest verwachsen ist. Kurz vor dem Durchbrechen des Zahnes kann man immer eine pralle, nicht schmerzhafte Schwellung tasten und manchmal sogar schon die Zahnkonturen durchschimmern sehen.

Durch die Vereinigung von Mukosa und Zahnfollikel bricht die

Abb. 21

Zahnentwicklung

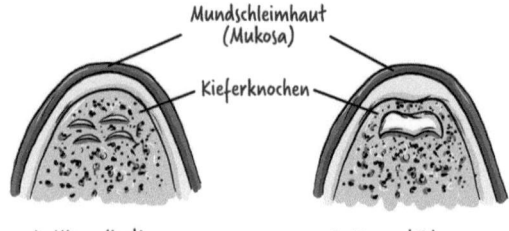

Mundschleimhaut
(Mukosa)

Kieferknochen

1. Mineralisation

2. Kronenbildung

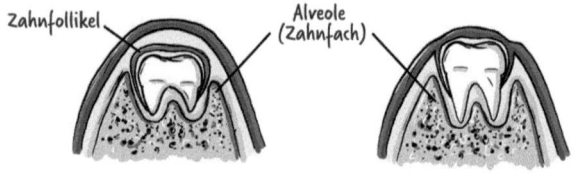

Zahnfollikel

Alveole
(Zahnfach)

3. Wurzel- & Zahnfachbildung

4. Verschmelzung des Zahnfollikels
mit der Mundschleimhaut

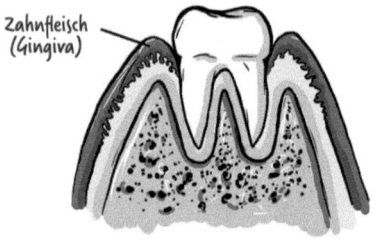

Zahnfleisch
(Gingiva)

5. Zahneruption

Schutzhülle auf, der Zahn ist jetzt fast zu sehen und schiebt sich an die Oberfläche, die somit natürlich zwar auch perforiert ist (5.). Indem aber die Randbereiche dieser Durchbruchbereiches mit dem Follikel verwachsen sind und der Follikel am Zahnhals den Zahn abdichtet, bleibt die Körperoberfläche weiterhin intakt. Ein ziemlich einfacher, aber genialer Mechanismus!

Wenn der Zahn vollständig durchgewachsen ist, hat sich auch das Zahnsäckchen aufgelöst. Es wird ja nun auch nicht mehr benötigt, denn am Zahnhals haftet nun das Zahnfleisch direkt an. Wie das genau aussieht, sehen wir gleich im nächsten Kapitel.

Es ist aber eine bemerkenswerte Metamorphose, dass sich die ganz normale Mundschleimhaut durch den Durchtritt des Zahnes in Zahnfleisch, die sogenannte *Gingiva* verwandelt hat, die natürlich funktionell um einiges differenzierter ist als normale Mukosa.

Für den Zahndurchbruch und die damit verbundenen zellulären Prozesse bedarf es übrigens einer großen Menge zusätzlicher Energie. Daher setzt der Körper häufig seine Betriebstemperatur hoch, sobald der Zahndurchbruch eingeleitet wird: das Baby fiebert.
  Es hat allerdings nicht erhöhte Temperatur, *weil* es Zähne bekommt, sondern *damit* es Zähne bekommt. Also, liebe jungen Mamis und Papis: lasst Euer Kind ruhig auf seine Zähne hin fiebern – Ihr könnt ja gerne mitfiebern!

Fehlbildungen

Die Entstehung des Zahnes ist eine enorme Wachstums- und Umbauleistung, an der viele spezialisierte Zellen nach genauen genetischen Bauplänen arbeiten. Betriebsstörungen während der Produktionsphase von innen durch Medikamente, Schadstoffe oder Krankheiten oder von außen, beispielsweise durch Traumata können diese Aktivitäten beeinträchtigen, was wir als Fehl- oder Missbildungen oder einfach nur »Normabweichungen« erkennen.

Die seit geraumer Zeit auch in der Laienpresse kursierenden »*Kreidezähne*« sind Folge beziehungsweise Ausdruck einer solchen Betriebsstörung. Mit diesem Begriff werden weißliche, gelbliche und/oder bräunliche Verfärbungen an frisch in die Mundhöhle durchgebrochenen bleibenden Zähnen bezeichnet. Diese Verfärbungen gehen oft graduell ineinander über, gelegentlich auch von Oberflächendefekten begleitet. Mikroskopische Untersuchungen zeigen an diesen Zähnen eine deutlich gestörte Schmelzstruktur.

Man weiß leider gegenwärtig noch nicht, was genau zu der unvollständigen Schmelzreifung führt, die die Kinderzahnärzte als »*Molaren-Inzisiven-Hypomineralisation*«, kurz MIH bezeichnen. Wahrscheinlich sind Rückstände aus Plastikverpackungen verantwortlich, die von der Schwangeren mit der Nahrung aufgenommen und über die Plazenta an das Kind weitergegeben werden – Mikropartikel aus Plastik finden sich überall: sogar im Polareis, leider auch in unseren Weltmeeren und daher natürlich auch in der Nahrungskette.

Biologische Festplatten

Es ist ziemlich gut bekannt, dass forensische Anthropologen am jeweiligen Stand der Zahnentwicklung recht zuverlässig eine Alters-oder Wachstumsbestimmung vornehmen können. Dies ist ein in der Archäologie oder Kriminalistik häufig angewandtes Verfahren.

Zähne, speziell die Milchzähne können aber noch mehr als Auskünfte über unseren Entwicklungsstand zu geben. Sie sind eine spannende Datenbank über Umwelteinflüsse oder Belastungen bereits während der *intrauterinen* Lebensphase, also schon vor unserer Geburt!

Was wie Science-Fiction klingt, hat eine Forschergruppe um den US-amerikanischen Biologen *Manish Arora* von der Kahn School of Medicine am Mount Sinai in New York herausgefunden:

Bei der Entstehung der Milchzähne bilden sich – ähnlich wie bei den Jahresringen von Bäumen – Wachstumsringe durch Anlagerung neuer Hartsubstanzlagen. Anders als bei den Jahresringen der Bäume entstehen diese Dentinringe aber täglich.

Jeder Ring enthält also Informationen über Einflüsse, denen das Baby Tag für Tag ausgesetzt war: Arora bezeichnet Zähne daher als »biologische Festplatten« und beschießt sie aus diesem Grund im Labor mit einem Laser. Das dadurch abgelöste Material wird mit einem Massenspektrometer untersucht und kann so nicht nur die frühkindliche Exposition mit Metallen oder toxischen Stoffen aus der Umwelt, sondern auch Belastung durch Stresshormone oder eine Medikamenteneinnahme der Mutter nachweisen.

Durch daraus gewonnene Erkenntnisse lassen sich frühkindlich determinierte aber oft erst später erkennbare Erkrankungen, wie etwa *Autismus*, früher beziehungsweise besser diagnostizieren und behandeln.

Auch das Risiko für Erkrankungen im Erwachsenenalter wie *Asthma* oder *Adipositas* kann an diesen Milchzahnringen abgelesen werden.

Damit sind die Milchzähne ein sehr zuverlässiger Informations-Lieferant für HERCULES. Das ist die Abkürzung für »*Health and Exposome Research Center: Understanding Lifetime Exposures*«

Die recht junge Wissenschaft der Exposom-Forschung, die 2005 am *National Institute of Environmental Health Science* begründet wurde, erforscht die Gesamtheit aller nicht genetischen, inneren und äußeren Umwelteinflüsse auf das Individuum.

Das Sammeln der ausgefallenen Milchzähne könnte deswegen keineswegs nur ein nostalgischer Spleen junger Eltern sein, sondern möglicherweise eine wichtige Datensicherung für die Zukunft bedeuten.

Die »Zahnfee 2.0« als Cloud-Lösung? Interessanter Gedanke!

8 Der Zahnhalteapparat

Um die Bedeutung dieser Verbindung zwischen Zahn und Kiefer wirklich angemessen einstufen zu können, sollte man sich einige facts and figures zu ihrer Erkrankung vor Augen führen.

Es ist ja ganz häufig so: wenn irgendetwas gut funktioniert, machen wir uns keinen Kopf darüber. Läuft's mal nicht so gut oder vermissen wir etwas, dann fangen wir an, uns mit diesem Problem zu beschäftigen.

Die Erkrankung des Zahnhaltheapparates heißt *Parodontitis*. Überlassen Sie ab jetzt bitte die falsche Bezeichnung »Parodontose« der blöden Fernsehwerbung in Vorabendprogramm und nehmen Sie Parodontose nicht mehr in den Mund.

An Parodontitis leiden in Deutschland – das zeigt die aktuelle Mundgesundheitsstudie DMS V – etwa die Hälfte aller jüngeren Erwachsenen und fast zwei Drittel der Senioren. Weltweit ist es die sechsthäufigste Erkrankung und die am weitesten verbreitete Infektionskrankheit überhaupt!

Sie sehen, dieser Teil des Vollmundes hat eine enorme Relevanz! Daher zwängen wir uns auf unserer Höhlenexpedition einmal in diese enge Spalte hinein.

Der Zahnhalteapparat, das *Parodont*, ist die Verbindung zwischen Zahn und Kiefer, genauer gesagt zwischen Zahnwurzel und Kieferknochen in der Tiefe und zwischen Zahnhals und Zahnfleisch quasi als Dichtung an der Schnittstelle. Im Grunde hat man mit dieser zunächst aus didaktischen Gründen vorgenommenen Einteilung aber schon die beiden Hauptaufgaben vor Augen.

Die Verankerung des Zahnes im Knochen

Der feste Halt im Knochen ist natürlich vorteilhaft, wenn man seine Zähne in einen noch nicht so reifen Apfel, ein zähes Steak oder türkischen Honig beißt.

Die Zahnwurzel ist keineswegs starr mit dem Knochen verwachsen, sondern in einem knöchernen Zahnfach mit tausenden elastischen Fasern aufgehängt. Im Prinzip so ähnlich wie bei diesen riesigen Trampolins, die man in fast jedem Neubaugebiets-Vorgarten antrifft. Durch die Vielzahl der sehr harten, fest angespannten und radial angeordneten Federn wird das Sprungtuch so straff, dass man darauf stehen und hüpfen kann.

Unsere Zähne hüpfen natürlich nicht, aber sie werden ständig beim Kauen, Schlucken und Zähnepressen oder –knirschen belastet.

Steckte der Zahn einfach nur so im Knochen, dann würde der Kaudruck direkt an den Kieferknochen weitergeleitet werden. Und dem Knochen geht es nicht anders als vielen Menschen: er kommt mit Druck nicht so gut zurecht, bekommt eine Krise und baut ab.

Da der Zahn aber federnd über spezielle elastische Haltefasern – das so genannte *Ligament* – aufgehängt ist, wird aus Druck auf den Zahn Zug auf den Knochen. Und mit dieser Zugbelastung passiert dem Knochen dasselbe wie *Tim Wiese* in der Muckibude: er wird kräftiger.

Der Faserapparat des Ligaments verbindet Wurzeloberfläche und Knochenfach und besiegelt somit eine Beziehung auf Gegenseitigkeit. Der Zahn wird seinen Druck los und wird geschont, der Knochen bekommt Zug und bleibt fit. Wenn der Zahn aus welchen Gründen auch immer herausgezogen wird, schrumpft der Knochen.

Die Symbiose aus Zahn und Knochen existiert übrigens schon seit den ersten Lebenswochen des ungeborenen Menschen: Der Knochen stellt Platz für die Produktion von Zähnen zur Verfügung, die Zähne sorgen im Rahmen ihrer Entwicklung für Knochenwachstum. Wie das funktioniert, haben wir ja schon betrachtet.

Der Parodontalspalt – Problemzone für die Hälfte der Menschheit

Als Übersicht werfen wir kurz einen Blick auf die nächste Höhlenmalerei.

Der Spalt zwischen Knochen und Zahn heißt Parodontalspalt und kann im Röntgenbild sehr gut dargestellt und diagnostiziert werden. In ihm befinden sich nicht nur das Parodontal*ligament* (die Haltefasern), sondern auch kleinste Blut- und Lymphgefäße zur Ver-und Entsorgung des Gewebes sowie feinste Nervenendigungen. Etliche dieser Nervenendigungen sind Mini-Drucksensoren, die dem Gehirn ständig Auskunft über die aktuelle Belastungssituation der Zähne erteilen.

Diese Sensoren sind mit den elastischen Fasern verbunden und können sehr sensibel und differenziert erkennen, ob gerade etwas sehr Hartes zerkaut werden muss (also ob der Apfel doch noch nicht so reif ist, wie unsere Augen dachten), ob wir vor Wut mit den Zähnen knirschen oder ob in der weichen Schwarzwälder Kirschtorte doch noch ein Kirschkern steckt.

Vielleicht haben Sie dies schon einmal selbst erlebt und sich darüber gewundert, warum wir in dem Augenblick, in dem wir auf den Kern in der Sahnetorte treffen, reflexartig die Kiefer auseinander reißen. In der Tat handelt es sich hier um einen der sogenannten monosynaptischen Reflexe des Körpers. So ähnlich wie der wesentlich bekanntere Patella-Sehnen-Reflex (das ist der, der sie einen Kick machen lässt, wenn der Onkel Doktor Ihnen mit seinem Hämmerchen auf das Knie klopft).

Natürlich ist das ein sehr sinnvoller Schutz für das Zahnpaar, das dummerweise gerade den Kirschkern erwischt hat, denn die Kaukraft und -geschwindigkeit war ja auf das Programm »Sahnetorte« entsprechend vom Gehirn angesteuert worden, nicht für den Kau-Modus »Nüsse knacken«. So schützen die Drucksensoren wertvolle Hartsubstanz.

Abb. 22

Parodontalspalt

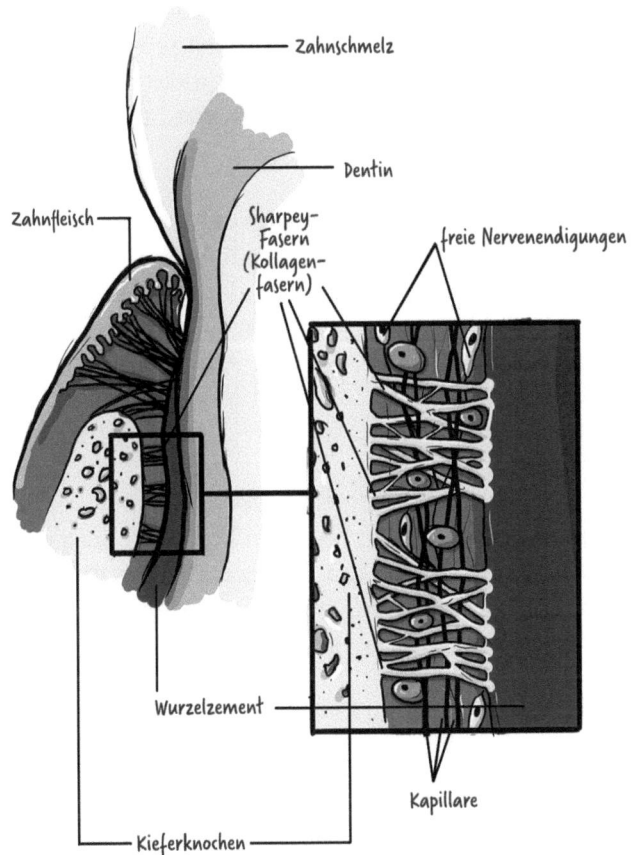

Zahnschmelz

Dentin

Zahnfleisch

Sharpey-Fasern (Kollagenfasern)

freie Nervenendigungen

Wurzelzement

Kapillare

Kieferknochen

Checkbiss

Jedes Mal, wenn wir schlucken, also etwa zweimal pro Minute tagsüber und einmal alle zwei Minuten in der Nacht, kommen die Zähne für einen Sekundenbruchteil zusammen. Dabei justiert sich unser Kausystem völlig automatisch selbst durch das feedback aller Rezeptoren in allen Parodontalspalten. Bei 28 Zähnen kommen da eine Menge Daten auf einmal im Gehirn zusammen.

Da wir dieses »Kontroll-Schlucken« automatisch und unbewusst durchführen, wird auch der Teil des Gehirns mit der Datenverarbeitung beauftragt, der dem Bewusstsein vorgeschaltet ist, nämlich unser Hirnstamm.

Hier in der sogenannten *Formatio reticularis* sitzt in den Kernen des *Nervus trigeminus*, der als motorischer Hirnnerv auch für die Kauaktivität zuständig ist, ein sogenannter *zentraler Mustergenerator*.

Diese Steuereinheit kümmert sich darum, dass wir den der jeweiligen Situation angemessenen Kaudruck aufbauen. Die Rezeption des Drucks aus den Sensoren im Zahnhalteapparat erfolgt allerdings über sensorische Anteile dieser unvorstellbar schnellen Datenautobahn.

Highspeed-Internet ist Super-Zeitlupe, verglichen mit der Geschwindigkeit und Datenmenge, die diese Reizleitung bewältigt.

So geht »Kiefer-Orthopädie«

Gerät das Druck-Zug-Prinzip des Zahnhalteapparates durch permanente Überlastung in eine Richtung aus dem Ruder, dann können allerdings dauerhafte Umbauprozesse im oder am Zahnfach resultieren, wobei es in der Druckzone zu Knochenabbau, in der Zugzone hingegen zu Knochenanlagerung kommt.

Diese Modellation des Knochens wird durch spezielle Zellen vorgenommen. Sie heißen *Osteoblasten* und *Osteoklasten* und formen den Knochen nach Bedarf um wie der Töpfer ein Stück Ton auf seiner Drehscheibe. Ein Zahn kann so seine Stellung der auf ihn einwirkenden Belastung besser anpassen – oder ihr ausweichen, ganz wie man das sieht.

Kieferorthopäden machen sich bei ihren Behandlungen übrigens diesen Effekt zunutze. Allerdings ist dabei auch immer zu berücksichtigen, dass zwar Osteoblasten und Osteoklasten ein Leben lang aktiv sind, die genetischen Informationen aber auch durch noch so fleißige Kieferorthopäden nicht verändert werden können und »störende« Einflüsse möglicherweise auch nach erfolgreichem Behandlungsabschluss weiter existieren. Dieser Umstand ist ein Grund für sogenannte Rezidive und Misserfolge bei der Korrektur von Zahnfehlstellungen.

Sch(m)utzmanschette

Die zweite große Aufgabe des Zahnhalteapparates wird von seinem marginalen Anteil, der Verbindung zwischen Zahn und Zahnfleisch, wahrgenommen.

Im Kapitel 2 hatten wir festgestellt, dass die Oberfläche der Mundhöhle zu 80 Prozent von der Mundschleimhaut bedeckt wird und die restlichen 20 Prozent aus der Zahnoberfläche bestehen. Durch die Unversehrtheit von Zahnschmelz und Schleimhaut und die ja schon besprochenen besonderen Abwehrstrategien dieser beiden Gewebe gegenüber äußeren Reizen wird die Integrität der Körperoberfläche gewährleistet. Kein Durchkommen dort, wo es nicht ausdrücklich gewollt ist!

Daher benötigen wir selbstverständlich auch eine besonders gute Abdichtung des Überganges von Zahn zu Zahnfleisch. Und hier liegt auch offenbar genau die Schwachstelle, die die

Entzündung des Zahnhalteapparates zum Spitzenreiter aller Infektionserkrankungen und in die *Top Ten* aller Erkrankungen überhaupt katapultieren.

Schauen wir da einmal näher drauf:

Das Zahnfleisch um die Zähne, genauer gesagt die *marginale Gingiva*, bildet kurz vor der Zahnoberfläche eine spezielle Auskleidung, das sogenannte *Saumepithel* aus, das die oberste Zellschicht des Parodontalspaltes darstellt. An seiner zahnzugewandten Seite besitzt es kleine Haftstrukturen, die *Hemidesmosomen*, die schon mal für eine recht feste Verbindung zwischen Schleimhaut und Zahn sorgen.

Noch beeindruckender wird es kurz darunter, im Bindegewebe. Hier laufen nämlich einfach die oben beschriebenen Fasern des Parodontalligaments weiter und strahlen von der Zahnoberfläche statt in den Knochen einfach ins Zahnfleisch ein und sorgen so für noch besseren Halt als die Hemidesmosomen.

Komplettiert wird diese *Manschette* durch weitere Fasern, die zirkulär wie ein Zugband am Turnbeutel oder wie Schnürsenkel entlang der Zahnzwischenräume angeordnet sind, um Festigkeit, Belastbarkeit und vor allem Abdichtung zu gewährleisten.

Weil das Saumepithel mit dem Zahn eine kleine Rille bildet, in die sich Bakterien, abgeschilfertes abgestorbenes Zellmaterial und gerne auch Nahrungsreste in Form einer Plaque einlagern können, verfügt die Zahnfleischmanschette über reichlich *kapilläre* Durchblutung, die eine schnelle Immunabwehr gewährleistet.

Diese Rille heißt *Sulcus* und ist eine wichtige Struktur beim Erhalt des ökologischen Gleichgewichts. Aus dem Sulcus wird permanent ein Blutserum-Lymph-Fluid gespült, was der Bakterienabwehr und Dichtigkeit dieser sensiblen Schnittstelle dient.

Abb. 23

Sulkus und Saumepithel

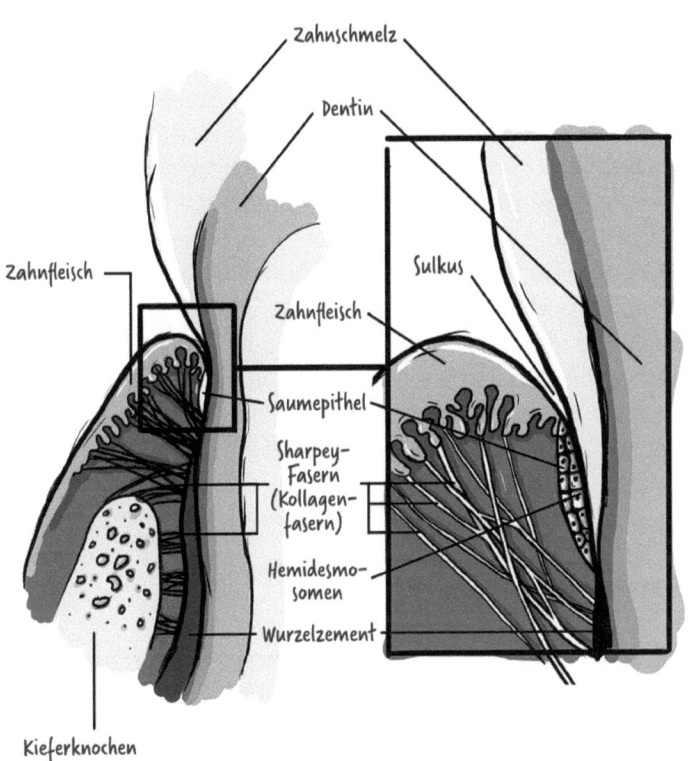

Zahnschmelz

Dentin

Zahnfleisch

Sulkus

Zahnfleisch

Saumepithel

Sharpey-Fasern (Kollagen-fasern)

Hemidesmo-somen

Wurzelzement

Kieferknochen

Gingivitis

Liegt Zahnbelag also etwas länger am Zahnfleischrand oder spießt sich ein kleiner Nahrungsrest zwischen Zahn und Zahnfleisch ein, dann entzündet sich die Gingiva und wird dick, rot und blutig. Die Hemidesmosomen lösen sich ab und Ihr Zahnarzt diagnostiziert eine *Gingivitis*, also eine oberflächliche Zahnfleischentzündung.

Wenn er dann so nett ist und Ihnen die Stelle gründlich sauber macht und Sie zu Hause in der Lage sind, dort alles gründlich zu putzen, verschwindet die Gingivitis nach spätestens zwei Tagen und nichts ist passiert: Die Manschette strafft sich wieder und die beleidigten Hemidesmosomen vertragen sich wieder mit den Zahn. Der Verbund Zahn-Zahnfleisch regeneriert.

Bleibt die Plaque allerdings länger dort liegen, kann sich diese Entzündung in Richtung Parodontalligament ausbreiten und den Zahnhalteapparat permanent schädigen. Ihr Zahnarzt notiert sich dann eine *marginale Parodontitis* und macht ein paar Termine mit Ihnen aus.

Parodontitis

Wenn sie zufällig auf einer einsamen Insel sitzen und dummerweise weder Ihre Zahnbürste noch Ihren Zahnarzt mit dabei haben, könnte aus der oberflächlich/marginalen eine tiefe/*profunde Parodontitis* werden. Die Auflösung des Zahnhalteapparates geschieht dann mit individuell unterschiedlicher Geschwindigkeit und Intensität vom Zahnhals in Richtung Wurzelspitze.

Die komplexen Mechanismen dieser weltweit (also auch auf Ihrer einsamen Insel) so stark verbreiteten Infektionskrankheit sind mittlerweile ziemlich gut erforscht. Ebenso gibt es natürlich wissenschaftlich abgesicherte Therapiekonzepte.

Ohne Therapie und im Endstadium, wenn dann das gesamte Parodontalligament zerstört ist, wird der Zahn schließlich wackelig und fällt heraus.

Erstaunlicherweise findet dieser Zahnverlust fast ohne größere Blutung statt.
Denn während der Auflösung des Faserapparates und damit auch des Knochens, der ja somit erstens funktionslos geworden ist und zweitens dem weichen Entzündungsgewebe Platz machen musste, hat sich um die Wurzel des Zahnes einfach wieder Mundschleimhaut gebildet. Auch auf der Wurzeloberfläche ist in solchen Fällen kein Desmodont mehr zu erkennen. Der Zahnhalteapparat ist *irreversibel* geschädigt.

Fällt der Zahn aus, ist binnen kürzester Zeit die Integrität der Körperoberfläche wiederhergestellt und die Entzündung wird eingestellt. Oder krass gesagt, wenn Ihnen auf Ihrer einsamen Insel dann irgendwann sämtliche Zähne raus gefallen sind, haben Sie wenigstens auch keine Parodontitis mehr.

Wesentlich besser als Zynismus wirkt in einer derartigen Situation übrigens eine *systematische Parodontaltherapie*, die bei korrekter Durchführung zur Ausheilung der Infektion und zum Erhalt aller betroffenen Zähne führt.

An dieser Stelle ein sehr wichtiger Navigationshinweis bei unserer Höhlentour:
Zahnimplantate besitzen NICHTS von all dem, was Sie gerade in diesem Kapitel über den Zahnhalteapparat bestaunen konnten. Keine Fasern, keine marginale Gingiva, kein Saumepithel, keine Tastsensoren, keine Immunabwehr und keine Druck-Zug-Mechanismen, wie die folgende Gegenüberstellung verdeutlicht.
Implantate sind nichts weiter als eine Titan- oder Zirkonschraube im Knochen und in keiner Weise mit dem genialen Konstruktionsprinzip des Zahnhalteapparates vergleichbar.

Ich muss das leider hier so deutlich sagen, weil in vielen Werbebotschaften so getan wird, als sei ein Implantat genauso gut (oder gar besser!) als ein Zahn. Mundfug!

Ihr eigener Zahn ist der einzig wahre Zahn.

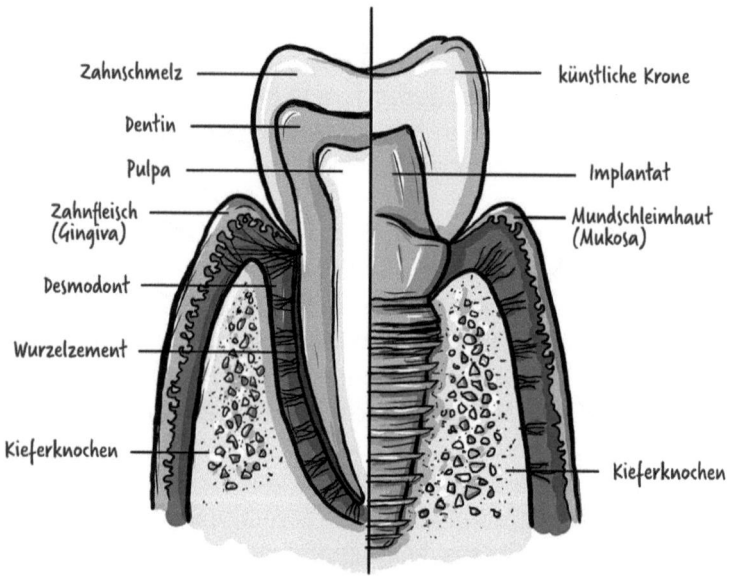

Abb. 24
Zahn vs. Implantate

- Zahnschmelz
- Dentin
- Pulpa
- Zahnfleisch (Gingiva)
- Desmodont
- Wurzelzement
- Kieferknochen
- künstliche Krone
- Implantat
- Mundschleimhaut (Mukosa)
- Kieferknochen

9 Warum Zähneputzen hilft und Prophylaxe wirkt

»Ein geputzter Zahn wird nicht krank«

behauptete vor ein paar Jahren ein Zahnärztefunktionär aus Bayern im Fernsehen und hinterließ damit leider vor laufender Kamera den Eindruck, dass er vielleicht ein guter Funktionär, aber ein eher durchschnittlich informierter Zahnarzt ist. Ich habe mir seinen Namen nicht gemerkt, aber sein sehr selbstbewusst vorgetragenes Statement ist mir trotzdem gut im Gedächtnis geblieben.

Wesentlich besser wäre die These

»ein richtig und regelmäßig gepflegtes Gebiss hat exzellente Chancen, gesund zu bleiben«

gewesen, denn erstens klingt in dem Postulat des bayrischen Kollegen unterschwellig ein Schuldvorwurf in Richtung Patient mit. Schuldvorwürfe haben aber nach meiner Überzeugung in der Medizin nichts zu suchen; Ärzte oder Zahnärzte sind ja schließlich keine Staatsanwälte und Patienten befinden sich nicht auf der Anklagebank (sondern allenfalls im Behandlungsstuhl, was mitunter zugegebenermaßen nicht unbedingt viel angenehmer ist).

Ferner ist der Satz aus fachlicher Sicht einfach nicht haltbar, denn:

- man kann einen Zahn (oder mehrere) durch falsches bzw. übertriebenes Putzen sehr wohl auf Dauer so schädigen, dass er krank wird (Zahnhalsdefekt)
- ich habe schon kerngesunde Zähne gesehen, die durch

erhebliche Lockerung (Parodontitis) verloren gegangen sind. Es geht bei der »Zahnpflege« natürlich um mehr als nur *den* Zahn, es geht um das ganze Gebiss, also auch das Zahnfleisch bzw. den Zahnhalteapparat respektive sogar das ganze Ökosystem Mundhöhle. Nicht zu vergessen: die Zunge (s. Kapitel 2)

- Zähne können, obgleich perfekt geputzt, auch durch Überlastung beim Zähneknirschen, dem *Bruxismus*, Risse bekommen und sogar so frakturieren, dass kein Erhalt mehr möglich ist.
- Leider gibt es auch seltene Erkrankungen an Zähnen, wie interne Resorptionen oder angeborene und erworbene Schmelzfehlbildungen (»Kreidezähne«, s.o.) und natürlich Unfälle, die mit perfekter Pflege nicht zu vermeiden sind.
- Und was ist mit den sogenannten *iatrogenen* Schädigungen, also solchen, die der Zahnarzt vornimmt, wenn er einen (manchmal gesunden) Zahn im Zuge von Zahnersatzbehandlungen abschleifen muss? Im schlimmsten Fall war der Zahn vor der Behandlung kerngesund – danach wird er diesen Zustand nie wieder erreichen.

Die These des Funktionärs ist zu einfach. Wir müssen also wesentlich genauer hinsehen – aber dafür halten Sie ja jetzt Ihren »Vollmund« in der Hand.

Hidden Caries

Eine kleine Geschichte mag dazu beitragen zu verstehen, warum Simplifizierungen oder Schuldzuweisungen respektive Schuldgefühle in der (Zahn)Medizin nicht wirklich hilfreich sind.

Als mein Erstgeborener pünktlich mit 6 Monaten seinen ersten Milchzahn bei mir vorstellte, fasste ich den Entschluss, alles dafür zu tun, dass seine Zähne gesund bleiben sollten. Ich putzte morgens und abends bei und mit ihm, benutzte sogar Zahnseide, fluoridierte die Zähne regelmäßig und achtete auf seine Ernährung (ohne jedoch absolut Süßigkeiten-restriktiv zu sein- den Grund dafür schildere ich an anderer Stelle) und freute mich, als gut 6 Jahre später die tatsächlich gesund gebliebenen Milchzähne gegen schöne neue Bleibende ausgetauscht wurden.

Als ich den kleinen jungen Mann ein wenig später wieder einmal auf meinem Zahnarztstuhl in der Praxis hatte, um zu überprüfen, ob wirklich alles in Ordnung ist, staunte ich nicht schlecht, als ich einen winzigen braunen Punkt auf der Kaufläche eines bleibenden Backenzahnes entdeckte.

In einer *Fissur*, das sind diese kleinen Rillen in den Kauflächen der Backenzähne, hatte sich offenbar allen Bemühungen zum Trotz eine kleine Initialkaries gebildet.
   Sehr vorsichtig entfernte ich eine kleine Wulst gesunden Schmelzes über der Verfärbung und musste feststellen, dass das darunterliegende Dentin schon auf einer Fläche von etwa einem Quadratmillimeter von der Karies betroffen war!
   Eine klitzekleine Kunststofffüllung konnte das Problem lösen.

Bei einer Kontrolle einige Wochen danach entdeckte ich eine weitere »Läsion«: der Backenzahn ragte infolge seines Wachstums weiter durch das Zahnfleisch und legte einen kreisrunden, völlig kariesfreien Schmelzdefekt frei, den ich natürlich umgehend mit Komposit versiegelte.

An der betreffenden ca. 1,5mm² großen Defektstelle war schlicht und einfach kein Schmelz gewachsen! Eine Schmelzfehlbildung, lieber Zahnärztefunktionär.

Der Zahn ist bis heute – 12 Jahre danach – kerngesund.

Obwohl ich schon lange nicht mehr nachputze und mich manchmal angesichts der mangelhafte Zahnpflege meines pubertierenden Sohnes darüber gewundert habe.

Was ich eigentlich mit diesem Beispiel sagen will, ist, dass auch bei bestmöglicher Pflege eine Kariesläsion auftreten kann, wenn die Voraussetzungen dafür an der Zahnoberfläche günstig sind.

Die Fissur des Backenzahnes meines Sohnes war unter einer Schmelzwulst nicht nur nicht der Pflege zugänglich, sondern der Schmelz darüber wurde permanent mit Fluorid wunderschön durchgehärtet und somit der Defekt perfekt maskiert. Ohne mein rechtzeitiges Eingreifen hätte die Karies im Dentin noch erheblich größeren Schaden anrichten können, bis uns vielleicht erst Zahnschmerzen mit der Nase darauf gestoßen hätten.

In vergleichbaren Situationen, in denen junge Patienten weniger engmaschig kontrolliert werden konnten, ist es daher trotz exzellenter häuslicher Zahnpflege schon zu Kariesbefall gekommen, was bei den Eltern verständlicherweise für Unmut und bei den kleinen Patienten für Frustration sorgt.

Was hier am besten wirkt, ist Aufklärung. Allerdings bitte nicht im Stile des bayrischen Zahnärztefunktionärs.

Warum Zähneputzen hilft

Ist Zahnpflege also sinnlos? Ganz bestimmt nicht!

Alle verfügbaren wissenschaftlichen Daten sprechen fürs Zähneputzen. Und das seit Jahrzehnten.

Aber es gibt eben nicht nur schwarz und weiß, sondern jede Menge Grautöne. Also multiple Parameter, die über Erkrankung oder Gesundheit bzw. über Erfolg oder Misserfolg entscheiden. Daher kann es auch bei der Zahnpflege keine standardisierten Rezepte geben. Das häusliche Zähneputzen ist eben *Individualprophylaxe* im wortwörtlichsten Sinne.

Und (auch) aus diesem Grund ist es viel sinnvoller, Zahnpflege aus Überzeugung, anstatt aus Gehorsam zu betreiben. Mündig statt bevormundet. Informiert statt instruiert.

Ich möchte Ihnen zunächst einmal den Stellenwert des Zähneputzens bei der Kariesprophylaxe erläutern:
Vorab: Die Vorbeugung vor Zahnfleischbluten und Parodontitis mit der Zahnbürste und anderen Hilfsmitteln weist natürlich viele Parallelen auf.

Karies wird übereinstimmend in der modernen Zahnmedizin als anhaltende Störung des ökologischen Gleichgewichts in der Mundhöhle respektive an der Zahnoberfläche verstanden.

Wie wir in Kapitel 4 und 5 gesehen haben, verliert der Zahn permanent Mineralien an die Umgebung, also an den Speichel, Getrunkenes (wie Cola oder Apfelschorle) oder auch an die zerkleinerte Nahrung.
Umgekehrt lagert der Zahn aber auch Mineralien aus Speichel, Getränken (wie Milch oder Mineralwasser) oder Nahrungsmitteln wie Käse oder Joghurt ein.
Stimmt die Handelsbilanz, dann bleibt der Zahnschmelz gesund. Ein Exportüberschuss ist mittel- bis langfristig genauso schädlich wie eine nicht befriedigte Einfuhr-Nachfrage.

Da unsere Ernährung bedingt durch die Industrialisierung der Gesellschaft im Allgemeinen und der Nahrungsproduktion im Speziellen deutlich zahnfeindlicher geworden ist, müssen wir verstärkt Mineralien zuführen, am besten Kalzium und Fluorid.

Angriff und Abwehr

Mit dem Mineralisationsgleichgewicht an der Zahnoberfläche ist es im Grunde wie mit einer mittelalterlichen Ritterburg, die belagert wird. Die Burg ist quasi der Zahn, die Belagerer sind die Kariesbakterien.

Die Bewohner der Burg schützen sich durch hohe Mauern, einen tiefen Burggraben und durch Zugbrücken, die bei Gefahr hochgezogen werden. Die Belagerer wollen hingegen die Schutzmauer knacken, um ins Innere zu gelangen. Klappt dies, dann wird alles geplündert und verwüstet und zurück bleibt eine mehr oder weniger romantische Burgruine ohne jedes Leben darin. Dieses Stadium findet beim Zahn natürlich niemand romantisch. Es darf also nicht soweit kommen!

Angriff und Abwehr – dieses Prinzip bestimmt also das Gleichgewicht am Zahn. Die Belagerer, überwiegend säurebildende *Mutansstreptokokken* und deren treueste Gehilfen, die *Laktobazillen*, vermehren sich im sogenannten Biofilm als Plaque beängstigend schnell.

Sie bekommen nahezu unbegrenzt Nachschub und drängen über den Burggraben-Sulcus und drücken gegen die Zahn-Burgmauer. Sie feuern mit Ihren Säure-Katapulten auf die Schmelz-Mauer und versuchen, Löcher hinein zu bomben. Die tapferen Verteidiger verstärken die Mauer permanent mit Fluoridkristallen, weil das den Geschossen am besten standhält.

Zwei bis dreimal am Tag kommt Verstärkung und schrubbt die Belagerungsarmee weg wie Sergio Ramos die gegnerischen Stürmer und dezimiert so den Feind. Manchmal super-gründlich, manchmal nur so wischi-waschi, je nach Lust und Laune.

Die Bewohner werden überdies von außen mit Schutz-Logistik versorgt, Nahrung kommt über unterirdische Verbindungstunnel. Schwierig ist es gelegentlich nur mit Spezialkräften der Angreifer, die in kleinsten Nischen und an baulichen Schwachstellen strategisch kluge Ansatzpunkte gefunden haben. Aber mit der Zeit ist die Burg immer fester geworden und die Angreifer haben irgendwann auch keine Lust mehr und ziehen irgendwann frustriert und geschlagen von dannen. Happy end mit Musik und Sonnenuntergang.

Die Prophylaxe-Strategie

Hinter diesem Szenario stecken in der Tat zwei ernsthafte Prophylaxe-Strategien:

Zum einen die *Stärkung der Abwehr* durch Verbesserung des Speichels, durch Einsatz von Fluoriden und/oder durch Beseitigung von Schwachstellen am Zahn.

Plan B ist die *Schwächung der Angreifer* durch regelmäßige, tägliche mechanische Reinigung der Zahnoberfläche mit Zahnbürste & Co sowie Reduktion der Zuckerimpulse: don't feed the trolls!

Aber immer der Reihe nach.

Speichel verbessern. Wie funktioniert das?

Unser Speichel wird komplett unterschätzt. Dabei handelt es sich ja um eine wirklich geniale Flüssigkeit, ohne die wir echt aufgeschmissen wären. Menschen, denen im wahrsten Sinne des Werks die Spucke wegbleibt, wissen was ich meine und erfahren dieses leider als großes Problem.

Wir haben ja bereits in Kapitel 4 die Rolle des Speichels kennengelernt. Dort steht auch, wie man an ihn rankommt. Zur Erinnerung: Kauen hilft.

Was für eine Rolle spielen die Fluoride in der Defensive?

Mitte des letzten Jahrhunderts stellte man fest, dass die Karieshäufigkeit in bestimmten Regionen der Schweiz, Schwedens und der USA deutlich geringer war als im Durchschnitt der Weltbevölkerung. Untersuchungen ergaben ein deutlich höheres natürliches Vorkommen von *Fluorid* im Trinkwasser.

Relativ schnell hatte man die dieser Beobachtung zu Grunde liegenden Zusammenhänge erklärt und setzte daraufhin der Zahnpasta Fluoride zu. In der Folge konnte man mit dieser Maßnahme eine vergleichbare Reduktion der Zahnkaries feststellen.

Man begann außerdem in Iowa und schnell auch in anderen Bundesstaaten der USA, das Trinkwasser zu fluoridieren, um die Bevölkerung vor Zahnkaries zu schützen.

Diese flächendeckende Fluoridprophylaxe ist heute umstritten, nicht zuletzt auch, weil um das Fluorid ein nicht mit wenig Vorurteilen und Missverständnissen behafteter Streit in der Gesellschaft geführt wird.

Da dieses Buch, was Sie vielleicht gerade im Strandkorb, in der U-Bahn oder zu Hause im Bett lesen, ja ein Aufklärungsbuch ist, werden wir der Sache mit dem Fluorid einmal ausführlich auf den Grund gehen.

Dafür bietet es sich an, zunächst einen Blick auf die Struktur des Zahnschmelzes werfen.

Der Zahnschmelz. Hart aber gerecht.

Unser Schmelz besteht zum größten Teil aus Mineral (95 Gewichtprozent bzw. 86 Volumenprozent). Er enthält nur 2 Prozent organische Matrix (hauptsächlich Protein) und etwa

12 Prozent Wasser. Im Vergleich zu Knochen, der fast 80 Prozent Wasser und organische Anteile enthält, ist der Zahnschmelz vergleichsweise spröde und vor allem bretthart. Er ist die härteste Substanz des menschlichen Körpers, was nicht nur seiner chemischen Zusammensetzung, sondern vor allem auch seinem genialen physikalischen Aufbau zu verdanken ist. Sinnvoll ist das besonders dann, wenn wir mal wieder irgendwo rein – oder uns irgendwann durchbeißen müssen.

Zahnschmelz ist ein Produkt bestimmter ziemlich faszinierender Körperzellen, den sogenannten *Ameloblasten*.

Diese sind während der Entstehung des Zahnes aktiv und produzieren nicht nur Mineralien und Proteinmatrix, aus denen Kristallite entstehen, sondern sorgen durch besondere Zellfortsätze auch noch für eine geometrisch exakte Anordnung und Ausrichtung dieser Kristallite zu Prismen.

Die wellenförmige Anordnung der bis zu 2,5 Millimeter langen *Prismenstäbe*, die wiederum in Bündeln von innen nach außen verlaufen, ist biomechanisch außerordentlich wirkungs- und sinnvoll, da es die Druckfestigkeit verbessert und die Sprödigkeit herabsetzt.

Außerdem sorgt die an verschiedenen Stellen des Zahnes unterschiedlich angeordnete *Prismenstruktur* für eine bessere Verteilung des einwirkenden Druckes. Die Zahnoberfläche wird dadurch deutlich belast- und haltbarer.

Schmelz hat zwar an sich eine sehr große Oberflächenhärte, was seine Hüllenfunktion enorm verbessert, ist aber für sich auch recht spröde.

Abb. 25

Zahnschmelz

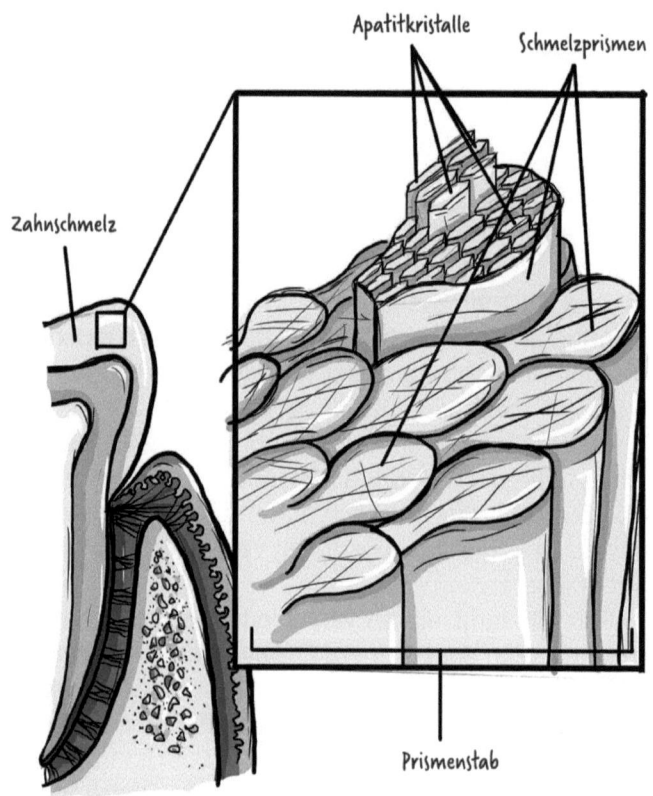

Apatitkristalle

Schmelzprismen

Zahnschmelz

Prismenstab

Die fabelhafte Welt der Ameloblasten

Druckfestigkeit und Biegefestigkeit sind zwei grundsätzlich wichtige Parameter bei der Betrachtung von Werkstoffen.

Nehmen wir uns mal zwei Teller als Beispiel:
Ein Porzellanteller (Porzellan besitzt ähnliche Eigenschaften wie Zahnschmelz) kann den festen Druck eines schneidenden Messers gut verkraften. Die Klinge hinterlässt keine Kerben auf der Telleroberfläche.
Auf einem Zinnteller würde man den Abdruck des mit gleicher Kraft aufgesetzten Messers gut erkennen können. Zinn ist eben relativ weich und hat eine geringere Druckfestigkeit.
Wenn Ihnen der Zinnteller herunterfällt, wird er aber anders als der schöne Porzellanteller nicht zerbrechen, er hat eine bessere Biegefestigkeit.
Gut wäre irgendwie beides zusammen. Hohe Druckfestigkeit und eine gute Elastizität. Also ein Zinnteller mit aufgeklebter Keramikfläche.

Gelöst hat Mutter Natur dieses Problem mit Hilfe einer verblüffenden Verbundkonstruktion. Wie bei einem Klettverschluss sind *Kollagenfasern* aus den inneren Schmelzprismen mit dem darunter liegenden *Dentin*, der Hauptzahnsubstanz, biologisch fest miteinander verbunden. Das Dentin ist deutlich flexibler als der Schmelz, besitzt also eine höhere Elastizität bei vergleichsweise geringerer Druckfestigkeit. Der überaus solide Zahnschmelz schützt dafür das weiche Dentin.

Verantwortlich für diesen Haftverbund sind übrigens auch – und damit zurück zum Schmelz – die zuvor erwähnten Ameloblasten, die nicht nur das Rohmaterial Schmelz herstellen, sondern diesen in einer weiteren Produktionsphase gleich auch noch veredeln:
In diesem ersten Reifungsprozess wird dem frisch produzierten Schmelz von den Ameloblasten Wasser entzogen und

die Schmelzmatrixproteine etwas umorganisiert, um die Einlagerung der Elemente Kalzium und Phosphor zu erleichtern.

Schmelz besteht zu etwas mehr als der Hälfte seines Trockengewichtes aus *Kalziumphosphat*, und zwar in Form des farblos-durchsichtigen *Hydroxylapatit*. Dieses fast durchsichtige Mineral findet sich extraoral übrigens u.a. auch im Fichtelgebirge, dem Spessart und im Odenwald, dem sächsischen Erzgebirge sowie in Bad Harzburg. Wie man sieht, hat die Evolution hier auf ein anorganisches Naturprodukt zurückgegriffen. Mineralwasser aus den genannten Regionen enthält daher unter anderem viel Kalzium.

Bietet man nun dem Hydroxylapatit im Zahnschmelz ein wenig Fluorid-Zahnpasta an, so rückt es – schwupps – das Hydroxi-Ion raus, kassiert das Fluor-Ion ein und wird zu *Fluorapatit*.

Und das ist wesentlich weniger löslich, also stabiler als Hydroxylapatit.

Bakterien lösen nämlich lieber mit Ihren Säuren Kalziumphosphat aus dem Zahnschmelz. An Fluorapatit beißen sie sich eher selber die Zähne aus.

Zahnschmelz enthält übrigens keine Zellen, treibt keinen Stoffwechsel und wird auch nicht durch Blutgefäße ernährt. Das Fluorid muss daher von außen auf den Zahn gebracht werden. Am besten mit Zahnpasta und Zahnbürsten.

Recht gut funktioniert auch die sogenannte systemische Fluoridierung über das Trinkwasser. So ist man ja schließlich auch in den 1950ern auf die ganze Sache gestoßen.

Fluoridquellen

In der ehemaligen DDR wurde aus kariesprophylaktischen und sozioökonomischen Gründen das Trinkwasser fluoridiert, und zwar mit durchaus gut dokumentierten Ergebnissen. Allerdings war das Gebiet zwischen Greifswalder Bodden und Thüringerwald keineswegs völlig kariesfrei!

Ganz so simpel ist das nämlich auch nicht mit der Karies. Karies ist keine Fluorid-Mangelerkrankung!

Nach der Wiedervereinigung und der Abschaffung der allgemeinen Trinkwasserfluoridierung war die Kariesrate schneller ans Westniveau angeglichen als die Gehälter im öffentlichen Dienst.

Im Grunde ist auch die Trinkwasserfluoridierung nie wirklich eine systemische Fluoridierung gewesen.
   Zugegeben: die primäre Fluoridsättigung des Zahnschmelzes mag 1985 beim Neugeborenen aus Karl-Marx-Stadt höher gewesen sein als bei dem Gleichaltrigen aus Düsseldorf. Aber als beide eingeschult wurden, war das wahrscheinlich völlig egalisiert.

Denn entscheidend, das zeigen bis heute nicht weniger als weltweit 200.000 Studien zu diesem Thema, ist der *direkte Kontakt* der Zahnoberfläche mit dem Fluorid.

Salz: ja. Tabs: nö

Wesentlich liberaler als fluoridiertes Trinkwasser ist der Fluorid-Zusatz in Speisesalz. Diese Art der Fluorid-Prophylaxe wird daher von der *Deutschen Gesellschaft für Zahn-, Mund- und Kieferheilkunde* (DGZMK) auch zusätzlich zu Fluorid-Zahnpasta empfohlen.

Übrigens werden *Fluorid-Tabletten* für Kleinkinder von der wissenschaftlichen Zahnmedizin nicht empfohlen!

Warum das so ist, dürfte Ihnen nach aufmerksamen Lesen vielleicht klar geworden sein: erstens haben die ganz Kleinen noch gar keine Zähne und zweitens müssten sie sich die Tabletten langsam im Munde zergehen lassen. Das funktioniert in der praktischen Umsetzung nicht wirklich zufriedenstellend.

Also liebe jungen werdenden oder frisch gewordenen Eltern! Und liebe Pädiater!

Fluorid per Tablette ist nicht sinnvoll, außer man will damit sein Gewissen beruhigen, alles aber wirklich alles für die Zahngesundheit der Sprösslinge getan zu haben. Besser für die Zähne Eurer Kinder beziehungsweise jungen Patienten ist eine Kinderzahnpasta mit 500 ppm Fluorid. Dafür gibt es genügend wissenschaftliche Evidenz und auch eine wissenschaftliche Stellungnahme der DGZMK, nachzulesen unter www.dgzmk.de.

Sehr viel mehr Seriosität geht nun wirklich nicht.

Dass immer wieder vor den Fluoriden als »Gift« gewarnt wird, ist offenbar bedauerlicher Unkenntnis beziehungsweise der Verwechslung mit dem in der Tat giftigen *Fluor* zuzuordnen.

Oder zweifelhaften Geschäftsmethoden, wie jüngst eine aggressive Werbekampagne eines Zahnpastafabrikanten für sein fluoridfreies Putzpräparat belegte. Die entsprechende Firma war übrigens bis dato nicht etwa durch ernsthafte Forschung auf zahnmedizinischem Gebiet auffällig geworden, sondern hatte Bekanntheit allenfalls dadurch erlangt, Koffein in seine Shampoos zu mischen.

Flüssiger Zahnschmelz?

Andere »pfiffige« Hersteller versprechen, »flüssigen Zahnschmelz« in ihre Tuben gefüllt zu haben.

Stimmt fast wirklich. Wirkstoff dieser Zahncremes ist hauptsächlich Kalziumphosphat, also das oben erwähnte nicht so stabile Hydroxylapatit. Was davon zu halten ist, wissen sie ja jetzt.

Verzweifeln sie daher bitte nicht, wenn Sie sich gestern bei Einkaufen von der Werbung zum Kauf von »Zahnschmelz aus der Tube« haben verleiten lassen. Gehen sie am besten wie folgt vor:

Putzen Sie erst Ihre Zähne mit ihrem neuen »flüssigem Zahnschmelz«. So bekommen Sie schön viel instabiles Hydroxylapatit in den Zahn. Nehmen Sie dann im zweiten Schritt anschließend Ihre bisherige Fluoridzahnpasta und wiederholen Sie den Putzvorgang.

So wandeln Sie damit das zuvor aufgenommene Kalziumphosphat in wesentlich stabileres Fluorapatit um. Und fertig.

Wenn Ihnen das zu umständlich ist, lassen Sie Schritt eins einfach weg.

An Fluorid kommt man nicht vorbei. Und giftig ist es auch nicht, jedenfalls nicht bei korrekter vernünftiger Dosierung. Denn schon *Paracelsus* (1493 – 1541) wusste, dass die Dosis das Gift macht.

Und noch lange vor ihm warnten die alten Griechen davor, nicht zu übertreiben: meden agan!

Kurz zur Toxizität von Fluorid: Wenn ein 15 Kilo schweres Kind es schaffen würde, seine komplette 100ml Tube Kinderzahnpasta mit 500 ppm auf einmal aufzufuttern, ohne sich dabei vorher zu übergeben (was wahrscheinlich schnell passieren würde) oder die Lust an diesem Experiment zu verlieren (was noch wahrscheinlicher eintritt), dann geriete es sehr wahrscheinlich tatsächlich in Gefahr, sich zu vergiften.

Mit Speisesalz und einem ähnlichen »Versuchsaufbau« funktioniert das aber auch.

Wie bekommen wir die Fluoride am besten in den Zahnschmelz? Natürlich durch entsprechende Zahncremes oder Mundspüllösungen. Und der richtigen Putztechnik.

Wie geht Zähneputzen?

»Ich putze meine Zähne zweimal täglich«

sagen mir viele Patienten. »Ich auch« antworte ich »und trotzdem haben Sie Zahnbelag und ich nicht«. Unfair? Ist doch irgendwie klar, dass ich als Zahnarzt besser putzen kann als der Laie.

Hallo?

Muss man für das korrekte tägliche Zähneputzen wirklich Zahnmedizin studiert haben?

Natürlich nicht. Ich habe viele Patientinnen und Patienten, die eine ganz hervorragende Zahnpflege aufweisen – andererseits habe ich schon in die Münder einiger Kolleginnen und Kollegen geschaut, wobei tiefes Freundschämen angesagt war.
   Es scheint Zeit zu sein, mal mit folgenden Mythen und Missverständnissen aufzuräumen:

1. Morgens und abends Zähneputzen genügt.
2. Man sollte mindestens 2 Minuten Zähne putzen.
3. Es kommt auf die richtige Zahnbürste an.
4. Die Zahnpasta macht den Unterschied.
5. Ohne Zahnseide geht es nicht.

Ich könnte noch einige weitere dieser Binsenweisheiten hinzufügen. Aber ich glaube, ich kann Ihnen anhand dieser Auswahl ausreichend deutlich machen, worauf es bei der Zahnpflege wirklich ankommt.

Zweimal Zähneputzen pro Tag genügt

Untersuchungen zeigen, dass die meisten Menschen *unsystematisch* putzen.

Also mal unten, mal rechts, mal oben und dann wieder unten. Dann sicherheitshalber noch mal links unten und – war ich schon links oben? Also sicherheitshalber nochmal oben links. Alles schön gründlich, so dass der Mund fast überschäumt.
   Die Sanduhr ist durch, die App piept oder mein Zeitgefühl bestätigt mir: es reicht, ausspucken, Mund abwischen und ab dafür.
   Ups, ich hätte fast *Zahnseide* vergessen, schnell noch mal überall damit durch! Ich bin geübt, daher geht es schnell und es beruhigt mein Gewissen – und die liebenswürdig-strenge Dentalhygienikerin, bei der ich bald wieder einen Termin habe.

Gut? Nicht wirklich!

Denn wer so putzt, putzt wahrscheinlich immer nur die gleichen Stellen, mal gründlicher, mal hastiger, je nach Tagesform. Es ist dann fast egal, wie oft pro Tag geputzt wird, wenn ständig die selben Abschnitte übergangen werden.
   Sie als aufmerksamer und mittlerweile schon *mündiger* Leser haben natürlich längst gemerkt, dass in meinem obigen Beispiel der Frontzahnbereich oben und unten völlig vernachlässigt wurde- ein gar nicht mal so seltener Befund in der täglichen Praxis.

Wenn Sie einmal pro Tag perfekt alle Zahnoberflächen *systematisch* reinigen (und damit zugleich fluoridieren), ist das doch wesentlich wirkungsvoller als wenn Sie zweimal am Tag nur halbe Sache machen.

Mit der gleichen Argumentation bügeln wir auch die 2-Minuten-These ab:

Zwei Minuten Zähneputzen

Zwei Minuten zu putzen ist dann nämlich völliger Schwachsinn, wenn man wie viele Pubertierende mit ständig auf den YouTube-Kanal seines Smartphone gerichtetem Blick pflichtschuldig aber leider völlig unmotiviert 2 Minuten lang auf ein und derselben Stelle herum schrubbt.

Die Pubertät ist übrigens ein anerkannter Risikofaktor für Gingivitis und Karies. Wie eine Forschergruppe aus Deutschland jüngst veröffentlicht hat, ist dies nicht, wie bisher angenommen, auf hormonelle Umstellungen zurückzuführen. Sondern wahrscheinlich schlicht und einfach auf Schludrigkeit.

Professor *Johannes Einwag* aus Stuttgart, einer der führenden Prophylaxe-Spezialisten in Deutschland, hat einmal Probanden zum Zähneputzen vor einen Spiegel gestellt und dahinter eine Videokamera mitlaufen lassen. Die Studienteilnehmer wurden informiert, dass sie gefilmt werden, und instruiert, so gründlich wie möglich zu putzen.
  Die Ergebnisse waren erstaunlich: Nicht nur, dass teilweise sehr unterschiedliche Putztechniken zu beobachten waren – kaum einer der Probanden putzte systematisch! Alles war irgendwie zufällig oder den Angewohnheiten folgend immer gleich. Selbst bei etlichen in die Studie einbezogenen Zahnmedizinstudenten.

Das »Ich putze meine Zähne zweimal täglich« hört sich jetzt schon ganz anders an, nicht wahr?

Die Kariesbakterien haben irgendwann nämlich auch geschnallt, wo es sich ungestört leben lässt – und dann wundert man sich über Plaque, Zahnfleischentzündung oder Karies!

Warum nicht einfach systematisch putzen? Meinetwegen erst die Außenfläche oben von ganz links über vorne nach ganz rechts und über innen den ganzen Weg zurück zum Ausgangspunkt. Dasselbe im Unterkiefer und abschließend alle vier Kauflächenabschnitte geschrubbt. Da darf man dann auch mal schrubben, an anderen Stellen ist das nicht so günstig.

Zahnbürste in den Becher, Zahnseide abgespult und im Anschluss folgt das einfachste Hilfsmittel, welches sogar in vielen Naturvölkern bekannt ist, aber in unsern Breitengraden eher exotisch zu sein scheint: der Zungenreiniger.

Sie wissen ja schon aus Kapitel 2, dass auf der Zunge weit mehr Bakterien sitzen als an allen Zahnoberflächen zusammen.

Nettoputzzeit Zunge: 2 Sekunden. Effekt? Hervorragend.

Welche Zahnbürste? Welche Zahnpasta?

Die Frage nach der richtigen Zahnbürste ist im Grunde genauso müßig wie die nach der besten Zahnpasta.

Zwar bekommen wir im Vorabendprogramm aller öffentlich-rechtlichen und privaten Fernsehsender darauf von den einschlägigen Herstellern derart eindeutige wie selbstbewusste Antworten und – das ist ja das Schlimme – schlucken diese Botschaften offenbar auch völlig unkritisch. Viele Menschen schalten offenbar ihren gesunden Menschenverstand in genau dem Augenblick ab, in dem sie die Glotze einschalten.

Dabei müsste doch klar sein, dass es sehr große individuelle Unterschiede im Zahnputzverhalten, dem zu putzenden Zahnbestand, dem umgebenden Ökosystem und natürlich auch in den zugrunde liegenden Belastungen durch Zucker, Säure und Kaukraft gibt. Menschen sind hinsichtlich der oralen Voraussetzungen nun einmal sehr verschieden.

Der eine putzt mit einer multi-tufted Hand Zahnbürste (mittelhart) genauso gut (oder schlecht) wie die andere mit einer elektrischen Zahnbürste.

Jemand schwört bei den elektrischen auf oszillierend, für seinen besten Kumpel kommt nur noch die Schallzahnbürste in Frage.

Welche ist nun die richtige Zahnbürste? Kaum jemand hat in Deutschland Zahnbürsten so intensiv erforscht und wissenschaftlich begutachtet wie Professor *Dr. Stefan Zimmer* von der Uni Witten-Herdecke.

Auch wenn er hinsichtlich der Putzergebnisse mitunter »statistisch signifikante« Unterschiede zwischen den Zahnbürsten feststellen konnte, ist nach seinem regelmäßigen Fazit in der individuellen praktischen Anwendung genau diese, nämlich die individuelle praktischen Anwendung, von entscheidender Bedeutung!

Zu gut deutsch: es ist nicht so wichtig, ob Hand- oder elektrische Zahnbürste, ob von dieser oder jener Marke. Entscheidend ist, dass der User damit seine Zähne möglichst perfekt sauber bekommt.

In etwa genauso ist es mit der Zahnpasta: Fast alle Zahncremes sind heutzutage in Ordnung, solange sie genug Fluorid und wenig Abrasivmittel enthalten.

Zahncremes, die auf Fluoride verzichten, mentholfrei sind oder antibakterielle oder entzündungshemmende Inhaltsstoffe besitzen, können natürlich im Einzelfall auch angezeigt sein, fragen Sie im Zweifel halt Ihren Zahnarzt oder Apotheker.

Aber da Sie nun ja diesem wertvollen, auf wissenschaftlichen Erkenntnissen basierenden Ratgeber gekauft haben, will ich Sie nicht mit einer so schnoddrigen Aussage abspeisen.

Damit kommen wir zur Frage nach der besten Putztechnik.

Putztechnik

Die erforderliche Handhabung, also ob beispielsweise schrubbend, kreisend oder wischend gearbeitet wird, hängt vom Design der Bürste und von der individuell zu putzenden Fläche ab. Es ist völlig in Ordnung, die Kauflächen der Länge nach schrubbend zu putzen, während man an den sensibleren Zahnhälsen lieber wischend oder kreiselnd und mit deutlich weniger Druck reinigen sollte.

Elektrische Zahnbürsten bringen ja schon einen erheblichen Anteil Bewegungsenergie mit und sollten daher mit deutlich weniger Anpressdruck als die Handzahnbürste eingesetzt werden.

Kritische Bereiche, wie Zahnzwischenräume oder Zahnfleischränder, sind schwerer zu erreichen als die ohnehin meist belagfreien Glattflächen. Das gilt auch für die innenliegenden Zahnflächen. Eine gute Putzsystematik (s.o.) und ein wenig Achtsamkeit sind natürlich hilfreich.

Dies einmal richtig erklärt zu bekommen, ist übrigens integraler Bestandteil der sogenannten »Individualprophylaxe« in Ihrer Zahnarztpraxis. Nehmen Sie doch einfach bei Ihrem nächsten Prophylaxe-Termin Ihre Zahnbürste mit und fragen Sie, wie man diese an welchen Stellen im Mund auf welche Weise am besten benutzt.

Wenn Ihr Zahnarzt oder seine Prophylaxeassistentin daraufhin nicht vor Erstaunen die Augenbrauen hoch- oder zusammenzieht, können Sie davon ausgehen, dass in der Zahnarztpraxis Ihres Vertrauens Prophylaxe groß geschrieben wird.

Zahnseide

Haben Sie im Fernsehen schon einmal Werbung für *Zahnseide* gesehen? Ich bisher noch nicht. Woran liegt das? Immerhin scheint doch Zahnseide so immens wichtig zu sein.

Zahnseide kann etwas, was definitiv keine einzige Zahnbürste kann. Sie kommt in den *Approximalbereich* hinein. Aus dem Lateinischen abgeleitet, ist damit der Bereich gemeint, an dem sich die Zähne aneinander annähern.

Diese Abschnitte gehören zu den Schwachstellen des Zahnes, weil hier der Schmelz in der Regel nicht so dicht und fest ist wie etwa in der Kaufläche oder Schneidekante. Ferner ist die bakterielle Plaque hier nicht so gut der natürlichen Reinigung durch Zunge oder Speichel zugänglich. Somit kann auch die natürliche Mineralzufuhr durch den Speichel eingeschränkt sein.

Und da auch die Zahnbürsten keinen vollständigen Zugang in die approximale Zone haben, bedeutet das drittens, dass auch Fluoride hier nicht so zuverlässig an die Zahnoberfläche gebracht werden wie an anderen Flächen.

Zahnseide ist eigentlich das einzige Hilfsmittel, was durch den mehr oder weniger strammen Kontaktpunkt zweier benachbarter Zähne passt. Es geht daher nicht ohne sie, wenn man diesen Bereich säubern möchte.

Aber Zahnseide ist schwierig anzuwenden und wird daher oft als etwas lästig empfunden. Möglicherweise schreckt das sogar Werbedesigner ab oder sie können sich nichts unter diesem Produkt vorstellen.

Alternativen für die Zwischenräume

Zwischenraumbürstchen, sogenannte *Interdentalbürsten*, sind schon eine ganz brauchbare Alternative, aber ebenfalls nicht ganz einfach zu handhaben. Man sollte sich auch hier ruhig mal von einer Fachkraft professionell einweisen lassen.

Seit ein paar Jahren ist eine Art Impuls-Munddusche auf dem Markt, die in zwei Studien an den Universitäten Köln und Wien gegen Zahnseide getestet wurde und gar nicht mal so übel abgeschnitten hat.

Mundduschen an sich sind eher als nette Beregnung des *oralen Mikrobioms* zu beurteilen. Ich kenne leider keine, die einen genügend scharfen Strahl für die effektive Plaqueentfernung in engen Zwischenräumen hätte, ohne im häuslichen Badezimmer gleich eine mittlere Überschwemmung anzurichten.

Zahnhölzer oder Zahnstocher können durchaus mal ganz nützlich sein. Jedenfalls schließe ich das aus der sehr häufig bei Schweizer Taschenmessern vorkommenden Funktion »Zahnstocher«. Die Schweizer wissen, dass es wichtig ist, gut auf ihre Zähne achtzugeben.

Locus minorae resistentiae? Das Problem mit der Fissur

Ein weiterer wirklich schwieriger Bereich bei der Zahnpflege sind die sogenannten *Fissuren*. Dass es dort trotz optimalen Pflegebedingungen zu Kariesläsionen kommen kann, hatte ich ja am Beispiel meines eigenen Sohnes weiter oben angeführt. Ich halte es daher für wichtig, das Sie als Vollmund-Leser über die Fissuren Bescheid wissen.

Fissuren sind kleine, mit dem bloßen Auge gerade noch sichtbare Rillen und Furchen in der Kaufläche der Backenzähne und seltener vorkommend auch auf der Innenseite der Oberkiefer-Frontzähne.

Wie wir weiter oben gesehen haben, entstehen die Fissuren relativ früh im Rahmen der Schmelzbildung der Zahnhöcker und stellen gewissermaßen eine Wachstumsfuge zwischen den Zahnhöckern dar.

Sie sind im Grunde daher Falten und Rillen im Schmelz (vergleiche Abbildung 26), die unterschiedliche Formen haben können: weit offen (1.), im Querschnitt eher V-förmig (2.)und somit eher flach; oder wie eine tiefe, schmale Spalte (3.), mitunter sogar in der Tiefe ampullenartig erweitert (4.).

Auch wenn die Fissurenformen genetisch bedingt sind und daher meistens an allen Kauflächen ähnlich aussehen, gibt es so gut wie immer einen Mix an Fissurentypen, oft sogar innerhalb einer Kaufläche!

Denken wir daran, dass die Fissur in der Regel von Zahnschmelz ausgekleidet ist und somit natürlich eine Körperoberfläche darstellt. Gelegentlich kommen allerdings auch Schmelzfehlbildungen vor, bei denen diese Oberfläche primär geschwächt ist.

In ungünstig geformte Fissuren können sich im Gebrauch Nahrungs- und Zellreste sowie Bakterien einpressen, die sich so der natürlichen Reinigung durch die Zunge entziehen und auch mit modernen Hilfsmitteln wie Zahnbürste und Co. nicht immer zu entfernen sind.

Dieser »gefährliche Mix« kann natürlich zu einer Belastung des Zahnschmelzes mit kontinuierlicher Schwächung führen und im Endeffekt zu einer Perforation. Bakterien dringen dann in das Körperinnere ein (Karies ist eine bakterielle Infektionskrankheit!).

Abb. 26

Fissuren

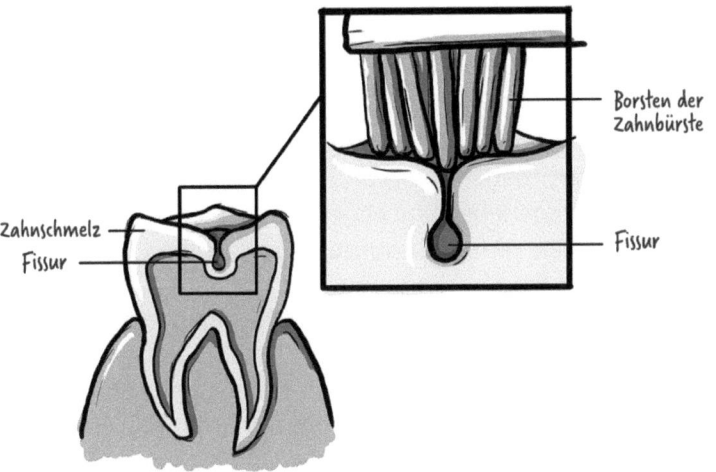

Borsten der
Zahnbürste

Zahnschmelz

Fissur

Fissur

Fissurentypen

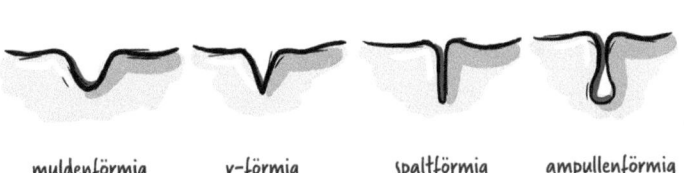

muldenförmig   v-förmig   spaltförmig   ampullenförmig

Zahnärzte nennen daher die Fissuren auch einen »*Locus minorae resistentiae*«, weil einerseits die Besiedlung durch Kariesbakterien leichter ermöglicht wird, andererseits aber die natürlichen Abwehrmechanismen (die im Speichelkapitel beschriebene permanente natürliche Phosphat-Nachhärtung und der Spüleffekt) nicht so gut funktionieren und der Pflegezugang erschwert ist.

Evolutionsbiologisch hat diese Schwachstelle wohl aber deswegen immer gut funktioniert, weil unsere Nahrung bis vor »kurzem« weitgehend frei von Zucker war und unsere Kauflächen stark abgerieben und abgeflacht hat. Erst mit Einführung der industriell raffinierten Kohlenhydrate und der Veränderung unserer Essgewohnheiten hin zu weniger harter Nahrung vor ein paar hundert Jahren wurde die Fissur zum Problem.

Bis vor gut dreißig Jahren waren es in deutschen Mündern fast immer die ersten großen Backenzähne, die mit etwa sechs Jahren relativ schwach mineralisiert in die Mundhöhle wuchsen und kurz später in der Kaufläche Kariesbefall erlitten. In der Generation der »Babyboomer« sind die »Sechser« die am häufigsten gefüllten, überkronten oder gezogenen Zähne!

Pro und Contra Fissurenversiegelung

Wie kontinuierliche Mundgesundheitsstudien seit etwa 30 Jahren zeigen, hat sich dieser Trend heute stark abgeschwächt. Verantwortlich für diese erfreuliche Entwicklung werden neben der besseren Prophylaxebetreuung in Schulen und Kindergärten (und natürlich auch Zahnarztpraxen!), die verbreitete Verwendung fluoridhaltiger Zahnpasten, aber eben auch die deutlich häufiger vorgenommene *präventive Versiegelung der Fissuren* gemacht. Gleichwohl ist dieses Verfahren nicht völlig unumstritten.

Am Beispiel dieser Prophylaxemaßnahme möchte ich Ihnen – nachdem Sie ja nun schon ziemlich viel über die Zähne und ihr Ökosystem wissen – gerne einmal nahebringen, wie kompliziert die Umsetzung selbst nachgewiesener Erkenntnisse manchmal sein kann. Und wie wichtig es ist, die Grundlagen zu kennen!

In den letzten Jahren hat sich in der Zahnärzteschaft – trotz guter wissenschaftlicher Evidenz und daher eindeutiger Leitlinien der Fachgesellschaften – eine nicht zu überhörende Gruppe von Versieglungsgegnern lautstark zu Wort gemeldet.

Um eins vorweg zu nehmen: diese Kollegen sind bestimmt nicht deswegen gegen präventive Versiegelungen eingestellt, weil sie etwa um ihr Geschäft fürchten, wenn es durch wirksame Prophylaxe keine kariösen Defekte mehr geben könnte. Sondern sie weisen nicht ganz zu Unrecht darauf hin, dass es eben gelegentlich (und aus ihrer Sicht wahrscheinlich viel zu oft) *trotz* Versiegelung zur Fissurenkaries kommt.

Was ist da dann schief gelaufen?

Wie bei wirklich großen Unglücken ist eine Karies unter einer Versiegelung oft eine Verkettung unglücklicher Umstände. Wir sezieren das mal:

Eine präventive Versiegelung kann logischerweise nur in einer Fissur erfolgen, die völlig kariesfrei ist. Ansonsten wäre es ja schon eine Kariesbehandlung und somit keine wirkliche vorbeugende Maßnahme. Ist die Fissur bereits kariös verändert, kommt eine Prävention logischerweise zu spät.

So weit so klar. Es wird aber leider komplizierter.

Denn wie in diesem Buch beschrieben, ist eine Zahnkaries ja kein plötzlich eintretendes Ereignis, sondern ein Prozess mit vielen Entwicklungsschritten. Und diese Abstufungen können natürlich zu diagnostischen Fehleinschätzungen und damit auch zu falschen Therapieentscheidungen führen!

Wir müssen daher noch einmal einen kleinen Exkurs in Richtung Kariesdiagnostik unternehmen.

Kariesdiagnostik

Bei der Inspektion durch einen Profi muss natürlich für einen Zahn, oder besser gesagt für seine Fissur, oder noch besser gesagt für einen Abschnitt seiner Fissur erst einmal genau hingeschaut werden, ob es sich um eine gesunde oder eine erkrankte Fläche handelt. Und das ist mal gar nicht so einfach!

Ein »brauner Fleck« muss nicht zwingend eine Karies darstellen. Es kann auch einfach nur ein »brauner Fleck« sein, also eine Verfärbung.
  Eine oberflächlich intakt wirkende Fissur kann dagegen in der Tiefe eine geradezu versteckte Karies beherbergen.

Fissuren sind nun einmal sehr kleine und nicht immer sicher zu beurteilende Strukturen. Was haben die Zahnärzte überhaupt für diagnostische Möglichkeiten?

1. **visuelle Einschätzung**: Scharfe Augen sind besser als scharfe Intrumente! Es gibt allerdings auch hier Standards, die jeder Zahnarzt beachten muss, etwa die seit vielen Jahren existente Einteilung des Schweden *Kim Ekstrand* oder eine etwas aktuellere Variante, den *ICDAS (International Caries Detection and Assessment System)*. Mit diesen Graduierungen soll der Karies*prozess* abgebildet werden und dementsprechende Handlungsanweisungen gegeben werden.
2. **Tasten mit der Sonde**: Verpönt bis verboten! Absolut out! So hilfreich die zum »zahnärztlichen Grundbesteck« gehörende

Sonde auch an anderer Stelle sein mag: in der Fissur hat sie bei der Diagnostik nichts verloren! Jeder Physikschüler weiß, dass der Druckimpuls umgekehrt proportional zur Fläche ist. Das bedeutet in unserem Fall, dass man mit einer zahnärztlichen Sonde und genügend Anpressdruck absolut in der Lage ist, in der Fissur ein Loch in den Zahn zu stanzen. Dass dann gehandelt werden muss, womöglich mit dem Bohrer, ist leider unausweichlich. Auch wenn der Defekt nicht durch die Karies, sondern leider durch die Sonde entstanden ist. Es muss also anders gehen. Darum gleich weiter:

3. **Röntgen**: für die Fissur recht eingeschränkt aussagekräftig und sollte zu ihrer Beurteilung nicht wirklich erste Wahl sein. Approximal aber top!

4. **Fluoreszenzoptik**: derzeit das sicherste Verfahren zur Feststellung einer Karies. Die Fissur wird mit einem Lichtstrahl einer bestimmten Wellenlänge beleuchtet. Kariesbakterien antworten auf diese »Bestrahlung« mit fluoreszierendem Licht, was unmittelbar von dem »Softlaser« gemessen wird. Aber auch hier gibt es nicht nur schwarz und weiß, sondern jede Menge Zwischenstufen, die man einschätzen muss. Und außerdem bedeutet die Anwesenheit von Kariesbakterien nicht zwangsläufig, dass der Zahn(abschnitt) kariös verändert ist.

5. **Nahinfrarottransillumination**: Hinter diesem Wortwurm versteckt sich eine infrarote Durchleuchtung des Zahnes, die von einer Spezialkamera aufgenommen wird und ein röntgenähnliches 3-D-Bild ermöglicht. Ohne Röntgenstrahl. Fissurenkaries läßt sich im Prinzip gut darstellen, allerdings auch hier wieder das Problem der Abschätzung. Ist aber ein prima Verfahren. Auch prima teuer, deswegen keinesfalls Standard in deutschen Zahnarztpraxen. Viel preiswerter und auch recht aussagekräftig ist die folgende »Billigvariante«:

6. Weil in einer wissenschaftlichen Disziplin wie der Zahnmedizin alles einen komplizierten Namen haben muss, wird dieses Verfahren als »**Faseroptische Transillumination**«

oder kurz FOTI bezeichnet. Gemeint ist lediglich eine sehr kleine helle Lichtquelle, mit der das zu beurteilende Areal ausgeleuchtet wird. Der Zahn sieht dann in etwa so aus wie diese niedlichen gummibärchenförmigen Lampen, die vor einigen Jahren mal sehr modern waren. Diffus hell leuchtend, ist die Karies dann dunkel. Einfach, aussagekräftig, ungefährlich, schmerzfrei.

Nachdenken hilft

Über die ideale Kariesdiagnostik in der Fissur hat es ganze Kongresse gegeben und es existieren sowohl jede Menge wissenschaftlicher Literatur als auch die obligatorischen fachlichen Diskussionen. Und dies wird wohl auch zukünftig so sein.

In »Vollmund« kann als Resümee festgehalten werden, dass es kein Schwarz-Weiß, keine binäre Wahrheit gibt – und deswegen auch keine in Marmor gemeißelten Dogmen geben darf.

Vielleicht sollte man sich der Problematik besser auf einem anderen Weg nähern, und zwar über die ökologische Nische bzw. das gesamte Ökotop Mundhöhle (siehe Kapitel Mikrobiologie).

Die Fissur ist – wie oben beschrieben und in Abbildung 26 veranschaulicht – eine klassische *ökologische Nische*. Logischerweise ist eine flache und offene Fissur für Kariesbakterien uninteressant, denn dort kommen Zahnbürste und Zahnpasta gut hin. Braucht es da eine präventive Versiegelung? Eher nicht. Was soll da auch passieren? Mit einer (womöglich nicht bakteriendichten) Versiegelung könnte vielleicht sogar erst eine ökologische Nische geschaffen werden. Also Finger weg!

Ganz anders sieht es in der tiefen, ampullenförmigen Fissur aus: hier ist die Beseitigung der Bakteriennische durch Versiegelung natürlich wesentlich sinnvoller.

Voraussetzung ist wiederum, die Fissur sicher als kariesfrei zu beurteilen. Und genau da liegt der Hase im Pfeffer: das kann man eben nicht sehr gut. Einfach mit einer Versiegelung den Mantel des Schweigens über die Nische zu legen, ist in etwa genauso nachhaltig wie beim Hausputz den Dreck einfach unter den Teppich zu kehren. Irgendwann kommt's raus und dann droht Ärger.

Man sollte also eine kritische Fissur nicht einfach versiegeln, sondern die Stelle beobachten und den Verlauf möglichst mit identischen diagnostischen Mitteln und Kriterien kontrollieren. Neudeutsch heißt das »*Karies-Monitoring*«.

Oder aber man greift aktiv ein, indem man mit Vergrößerungsglas und einem sehr feinen Schleifer die Fissur erweitert, um sie zunächst sicher beurteilen und anschließend mit hochwertigen Kunststoff-Füllern bakteriendicht zu verschließen. Dieses Verfahren nennt sich dann auch *erweiterte Fissurenversiegelung* – oder minimalinvasive Kariestherapie. Ganz wie sie möchten.

Bei den vielen Entscheidungen, die bis zu diesem Punkt getroffen werden müssen (es gibt kein Schwarz-Weiß!), sollte aber auch immer eine Beurteilung des Ökosystems Mundhöhle erfolgen.

Es liegt doch auf der Hand, dass ein erkranktes oder belastetes Ökosystem mit einem erhöhten Kariesrisiko respektive ein nicht regelmäßig gut gepflegtes Gebiss eher zur Indikation einer Fissurenversiegelung oder erweiterten Fissurenversiegelung führt, als ein ausgeglichenes Ökosystem mit einer perfekten Mundhygiene.

Natürlich spielt in dem zuvor erwähnten Zahnärztestreit über Fissurenversiegelungen auch die Qualität der Versiegelung eine Rolle.

Lieber gar keine Versiegelung als eine grottenschlechte. Besser natürlich eine gute als eine grottenschlecht gemachte Versiegelung. Und man sollte stets die Mundhygiene im Auge behalten, andernfalls kann auch eine gut gemachte Versiegelung unter ihren Möglichkeiten bleiben.

10 Vox. Das Wunder der Mundhöhle

Nachdem wir also in den vorangegangenen Stationen unserer Expedition vor allem die Grundstrukturen und Vitalfunktionen der Mundhöhle beleuchtet haben, möchte ich mit Ihnen eines der wichtigsten menschlichen Alleinstellungsmerkmale innerhalb der Ordnung der Primaten betrachten: unsere Sprache.

Die Sprache unterscheidet uns nicht nur von anderen Lebewesen, sondern hat auch wesentlich dazu beigetragen, dass sich die Menschen innerhalb ihrer Entwicklungsgeschichte zu Gruppen organisieren gelernt haben und sich somit erfolgreich auch gegen körperlich überlegene Tiere oder andere widrige Lebensumstände haben durchsetzen können. In seinem Bestseller »Eine kurze Geschichte der Menschheit« hat der israelische Historiker *Yuval Noah Harari* (geb. 1976) auf die grundlegende Bedeutung der Sprache und der Kommunikation für die Entwicklung menschlicher Gesellschaften hingewiesen.

Zwar sind an der Laut- und Sprachbildung mehrere Komponenten beteiligt, wie Atmung (Lunge), Stimmerzeugung (Kehlkopf) und die sogenannten Ansatzräume wie Nasen- und Nasennebenhöhlen sowie eben unsere Mundhöhle. Aber hauptsächlich im Mundraum werden die Klänge und Laute gebildet, aus denen letztlich unsere Sprache entsteht. Die Sprache ertönt aus dem Mund.

Daher wäre ein »Vollmund«-Buch also unvollständig, wenn es nicht auf das Wunder der Lautproduktion eingehen würde. Wie also hängt der Mund mit Sprache genau zusammen?

Unsere Wörter bestehen bekanntermaßen aus Konsonanten und Vokalen.

Der Begriff »Konsonant« stammt aus dem Lateinischen und bedeutet *con* = »mit« sowie *sonare* = »klingen, tönen«. Ein Konsonant ist also ein Mitlaut.

Der »Vokal« leitet sich vom lateinischen *vox* = »Stimme« ab. Auch die »Vokabel« = Wort oder das »Vokabular« = Wortschatz bezogen die alten Römer auf die Stimme.

Aus der Stimme wird also das Wort. Die Wörter bilden den Wortschatz. Und aus der sinnvollen Verknüpfung des Wortschatzes entsteht Sprache.

Das ist nicht weniger als ein Wunder.

Denn das, was aus einem relativ primitiven körperlichen »Sprachrohr«, bestehend aus Blasebalg (Lunge), Stimmritze (Kehlkopf) und Resonanz- und Artikulationsraum (alle Hohlräume oberhalb des Kehlkopfes) entsteht, nämlich die Produktion von Sprachlauten, wird zur geistigen Sprachfähigkeit erhöht. Oder anders ausgedrückt: aus körperlich-oraler Lautbildung wird auf höherer Ebene bewusste Sprache als Ausdruck geistiger Leistung.

Wenn man sich den Sprechvorgang einmal in einer Echtzeit-Magnetresonanztomographie betrachtet (im Internet recht leicht unter eben diesen Stichwörtern auffindbar), kann man beobachten, mit welch atemberaubender Geschwindigkeit und Präzision höchst komplexe Bewegungen im Mundraum stattfinden, um verschiedene Laute zu erzeugen. Dabei muss es nicht einmal ein Schnellsprecher wie *Dieter Thomas Heck* (1937 – 2018) sein, wenn die bisher auf unserer Tour so statisch erschienenen Strukturen, allen voran Lippen, Zunge und Gaumensegel, zu quirliger Lebendigkeit erweckt werden und wie ein perfekt aufeinander abgestimmtes Ballett kooperieren.

Um die Choreografie dieses Balletts einmal im Detail zu studieren, sollten wir uns die Entstehung von Vokalen und Konsonanten einmal näher ansehen.

Vokale

Vokale entstehen durch Ausstrom der Luft aus der Lunge, die an der Stimmritze des Kehlkopfes je nach Stellung der Stimmknorpel die Stimmlippen in Schwingung versetzt. Wenn der dabei entstehende Klang frei dem Mund entströmen kann, entsteht ein Vokal. Dieser wird dann durch weitere Bewegung der Zunge, der Lippen oder des weichen Gaumens gefärbt.

Für ein »A« benötigt man einen offenen Mund bei flacher Zunge. Rundet man die Lippen, so entsteht ein »O« (welches durch Senken des Gaumensegels nasal modifiziert werden kann). Durch weitere Wölbung des Zungenrückens gegen den Gaumen unter Beibehaltung der Lippenrundung verändert sich das »O« zu »Ö«. In dieser Stellung bewirkt ein Spreizen der vorher gerundeten Lippen den Vokal »E« und ein noch weiteres Spreizen der Lippen das »I«. Das »U« wird bei flacher Zunge und runden und etwas mehr als beim »O« gespitzten Lippen gebildet. Ein leichter Druck der Zunge seitlich wandelt das »U« zum »Ü«.

All dies sind leichte, unmerkliche Bewegungsveränderungen, die an den Schwebeflug eines Vogels erinnern, der seine Balance leicht austariert.

Probieren Sie es mal aus!

Konsonanten

Konsonanten entstehen, wenn der Luftstrom im Mundraum durch ein Hindernis aufgehalten wird.

Das kann ein kompletter Verschluss sein, indem die Zungenspitze hinter die Oberkiefer-Frontzähne gepresst wird, wobei ein dentaler Laut (genauer gesagt: *apikoalveolär-dental*) entsteht: Das »T«, »D« oder »N«. Ebenfalls eine vollständige Unterbrechung des Luftstromes entsteht durch den Verschluss der Lippen auf Höhe des Stratum lucidum. Diese sogenannten *Labialen* sind das »P«, »B« und »M«. All diese Konsonanten bilden die Gruppe der *Okklusive*.

Diesen gegenübergestellt sind die *Semiokklusive* oder *Konstriktive*, bei denen der Luftstrom mehr oder weniger stark verengt wird, so dass die Luft zwischen verschiedenen Segmenten von Oberkiefer und Zunge hindurch zischt.

Dabei sprechen wir ein »Z« oder ein stimmloses oder klingendes »S«, wenn Zungenspitze mit den Rückseiten der Oberkiefer-Schneidezähne oder deren Alveolen kooperieren. Daher auch *Alveolodentale*.

Die Schneidekanten der Oberkieferzähne interagieren mit dem Lippenrot der Unterlippe bei der Produktion der Konsonanten »F« und »W« (= *Labio-dentale*).

Etwas weiter oben am Gaumen, hinter den Gaumenquerfalten, bildet die vordere Zunge ein rollendes »R« und etwas weiter seitlich das »L«, das sind die *Alveolären*. Je nach Landsmannschaft kann das »R« allerdings auch *velar* entstehen, wenn sich hinterer Zungenrücken und Gaumensegel (= Velum) annähern. Ähnlich bildet man auch das »CH«.

Ebenfalls können hier hinten übrigens Okklusive entstehen. Der kurzzeitige Verschluss des Gaumensegels mit hinterem Zungenrücken macht ein »K« oder »G« möglich.

Eine räumliche Orientierung können Sie unserer in Abbildung 27 etwas modifizierten Expeditionskarte entnehmen:

Während bei den Vokalen die Stimmbänder immer beteiligt sind, können konsonantische Laute in stimmlose oder stimmhafte unterschieden werden.

Die dabei entstehenden Laut-Typen werden auch als *Phoneme* bezeichnet. Menschliche Sprachen haben ungefähr zwischen 10 und 80 Phonemen. Ihr Sprecher hat sie im Zuge der Sprachentwicklung und sprachlichen Sozialisation erlernt und kann sie zu Lautsequenzen, sogenannten *Morphemen*, kombinieren, die dann verschiedene Wörter, Sätze und Texte bilden und in unterschiedlichen Sprachen gesprochen werden können.

Artikulation

Der zweite Teil des Wunders dieser Lautproduktion besteht darin, dass diese wenigen, aber ziemlich komplexen Bewegungen mit unglaublicher Geschwindigkeit zu Sequenzen kombiniert werden, die dann eine Bedeutung haben.

Diese Lautkombination wird auch als *Artikulation* bezeichnet. Die ursprüngliche Bedeutung des lateinischen »articulatio« ist »Gelenk«, also etwas, das zwei Glieder miteinander verbindet. Das ist natürlich logisch, denn die Konsonanten zerteilen und verbinden den Lautstrom der Vokale zu Worten beziehungsweise Begriffen. Der preußische Gelehrte *Wilhelm v. Humboldt* (1767 – 1835) bezeichnete die Gliederung der Sprache als ihr Wesen: »*der Begriff der Gliederung ist ihre logische Function, so wie die des Denken selbst*«.

Auch das Denken beruht also auf Gliederung, auf Artikulation. Die Sprache ist somit doppelt artikuliert: eine phonetische Gliederung von Lautkombinationen, um Begriffe für Gedachtes darzustellen. Und eine semantische Artikulation, mit der die Begriffe in unendlicher Vielfalt kombiniert werden können, um miteinander zu kommunizieren.

Diese menschliche Kommunikation, als Grundlage unseres Zusammenlebens, entspringt letztlich dem Zusammenspiel der körperlichen Funktionen der Mundhöhle. Das ist ein Wunder!

Abb. 27

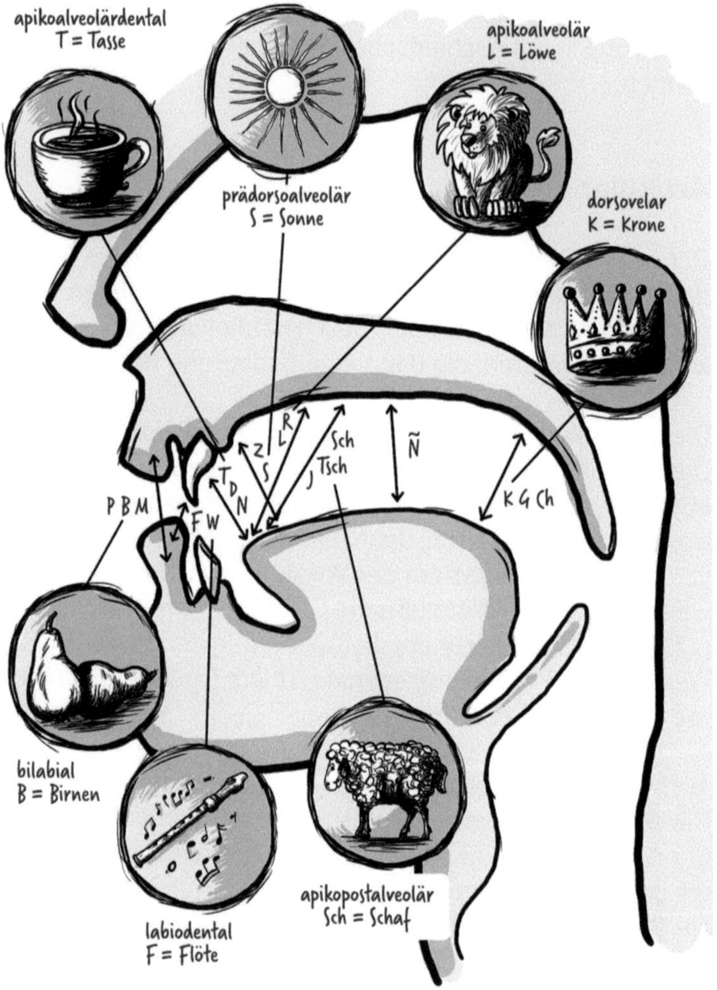
apikoalveolärdental
T = Tasse
prädorsoalveolär
S = Sonne
apikoalveolär
L = Löwe
dorsovelar
K = Krone
P B M
F W
T D N
Z S
R L
J
Sch
Tsch
Ñ
K G Ch
bilabial
B = Birnen
labiodental
F = Flöte
apikopostalveolär
Sch = Schaf

11 Mundvoll

Nach 10 Kapiteln unserer Entdeckungstour möchte mit Ihnen unsere aufregende Höhlenexpedition, also unsere Vollmund-Exkursion zum Abschluss bringen und wieder hinaus ins Tageslicht treten. Drehen wir uns also noch einmal um und gönnen uns einen Rückblick und ein kurzes Fazit:

Wie wir gesehen haben, ist unser Mund ein nicht nur aus physiologischer oder anatomischer Perspektive sehr vielseitiges Organ. Auch in seiner kulturgeschichtlichen Bedeutung für uns Menschen besitzt dieser Teil des Körpers einen ganz vielschichtigen Stellenwert. *Hartmut Böhme*, emeritierter Professor für Kulturtheorie und Mentalitätsgeschichte an der Humboldt Universität zu Berlin hat drei »polar organisierte Dimensionen« des Mundraumes definiert: die metabolische Achse (Atmen und Essen), die kommunikative Achse (Sprache und Mimik) sowie die triebdynamische Achse (orale Libido und Aggression, wie Beißen, Brüllen oder Zähnefletschen).

Vitalfunktionen

Essen und Trinken, Abbeißen, Kauen und Schlucken, Atmen, Schmecken und Riechen sind für unser individuelles Überleben essenziellen Aufgaben. Sie werden an jedem Tag unseres Lebens quasi rund um die Uhr von Lippen, Zähnen, der Zunge, dem Gaumen und den Wangen sowie dem Speichel und unserem Mikrobiom bewältigt.

Denken Sie sich nur einen dieser Hauptakteure weg – dann wird es problematisch. Menschen, die hier Defizite haben, sind beschädigt und brauchen medizinische Hilfe:
Eine angeborene Spalte im Gaumen (die sogenannte »Hasenscharte«), schmerzende oder fehlende Zähne, eine bren-

nende Zunge, Mundtrockenheit oder eine bakterielle oder virale Infektion im Mund sind – nur um einige Beispiele zu nennen – schwerwiegende Erkrankungen, die unbehandelt in der Regel eine deutliche Einschränkung der Lebensqualität oder –dauer mit sich bringen.

Sozialkompetenzen

Ohne Sprache und kommunikative Fähigkeiten hätte es die Menschheit im Laufe der Evolutionsgeschichte nicht dorthin gebracht, wo sie heute steht. Die Lautbildung mit all ihren Facetten, beispielsweise in der Musik, der Wissenschaft, der Literatur oder der Unterhaltung, sorgt dafür dass unser Mund nicht nur Mittel zum Zweck ist, sondern auch zum Instrument veredelt wird.

Mittels des Mundes erreichen wir einander und erzeugen Emotionen und Reaktionen. Wie verheerend wäre da der Verlust von Lippen oder Zunge? Eine stumme Welt? Sprach-computer und Instrumentalmusik, statt Poetry-Slams und Open-Air-Konzerten? Wer schon einmal die nervtötende Inquisition des Sprachcomputers in der Warteschleife einer Telefon-Hotline oder die Virtuosität obertonfreier Musik aus einem Computerspiel längere Zeit über sich ergehen lassen musste, ahnt, was ich meine.

Gut, dass wir einen Mund zum Singen, Lachen und Reden haben.

Auch gemeinsam zu essen und zu trinken ist ein soziales menschliches Grundbedürfnis. Seit jeher und überall auf der Welt genießen es die Menschen, in Gemeinschaft zu tafeln. Was, wenn nur unsere kleinen Geschmacksknospen ihren Dienst versagen würden? Der Genuss, die Belohnung, die Befriedigung durch beglückendes Essen oder Trinken wäre reduziert auf schlichte Nahrungsaufnahme. Essen Sie doch einfach mal ein Stück Pappe! Dann können Sie sich vorstellen, was ich meine.

Jedes Restaurant, jeder Supermarkt und ein Großteil der Landwirtschaft auf unserem Planeten könnten dichtmachen oder wenigstens das Sortiment auf ein oder zwei Nahrungsmittel beschränken, wenn alles gleich, oder besser gesagt, nach gar nichts schmecken würde.
Ein Hoch auf unsere kleinen Geschmacksknospen!

Lustgewinn

Ohne Fortpflanzung wäre die Menschheit da, wo die Dinos schon damals waren, nämlich ausgestorben. Und lassen wir ruhig mal beiseite, dass sie sich gerne fortgepflanzt hätten, wenn nicht ein riesiger Meteoreinschlag alles weitere verhindert hätte.

Zur Arterhaltung durch Reproduktion benötigen wir Menschen zwar unseren Mund nicht unbedingt. Aber er erleichtert schon immer so einiges. Denn seine Lippen sind schon immer zum Küssen da gewesen. Der Kuss stiftet Seelenverwandtschaft und Intimität (Furchtlosigkeit) – und sorgt natürlich für mehr Spaß dabei!

Ich möchte am Ende dieses Buches kein Fass aufmachen, indem ich beispielsweise die Beobachtung der oralen Phase der menschlichen Sexualität nach *Sigmund Freud* (1856-1939) als Beleg für die Bedeutung unseres Mundes für elementare soziale Bindung (Mutter-Säugling) und der Empfindung und Ausübung von Lust beschreibe. Eigentlich weiß doch jeder von uns, wie schön und wie wichtig symbolische und tatsächliche Mundberührungen sind:
Als höflicher (angedeuteter) Handkuss, als Erlösung des ver-

wunschenen Prinzen, der Kuss des Pokals nach dem Turniersieg, als ein »Busserl« rechts und links unter guten Freunden oder als leidenschaftlicher Kuss unter noch besseren Freunden.

Selbst ein einer größeren Menge zugeworfener Kuss macht sich mit Mund besser. Ohne Mund geht Küssen eben einfach nicht.

Wenn wir uns so nahe sind und zum Kuss kommen, lassen wir alle Erdenschwere zurück, sind furchtlos und hingegeben.

Und nun meldet sich unser Vollmund-Verstand:

Natürlich küsst es sich etwas unbeschwerter, wenn man davon ausgehen kann, dass das auf diese Weise kontaktierte Ökosystem des Partners oder der Partnerin einigermaßen intakt ist.

Denn selbstverständlich kommt es beim Küssen zu einem gewissen mikrobiologischen »Crossover«, aber die Evolution hat das bisher noch nicht zum Anlass genommen, das Küssen aussterben zu lassen.

Allerdings gibt es einige Infektionskrankheiten wie Herpes, Rotaviren, Tripper oder Syphillis, die dem Lustgewinn beim Küssen ein gewisses Risiko entgegensetzen. Letztlich wird aber ein von Leidenschaft übermanntes Liebespaar kaum eine Woche auf die Analyse respektive Entwarnung eines mikrobiologischen Fachlabors warten, bevor es damit fortfährt, sich seine gegenseitige Zuneigung nonverbal-oral zu versichern.

Nach unserer intensiven Begehung der Vollmund-Höhle wissen Sie jetzt aber auch, dass sich die Oberflächen im Mund gegen Erreger zu wehren wissen, dass der Speichel ein wunderbares Schutz- und Abwehrmedium ist und ihr Mikrobiom sich auch nicht so ohne weiteres auf den Kopf stellen lässt.

Mundwerk

Aus dem letzten der drei oben beschriebenen Gedankengängen heraus betrachtet, gehört unser Mund ja zu den Intimbereichen und gilt somit mitunter – das ist nicht immer so – als verlockende erotisch, körperliche Zone. In manchen Kulturen wird er verschleiert.

Ihnen als Vollmund-Höhlenforscher sollte in dieser Hinsicht nichts mehr schleierhaft sein. Sie sind jetzt gut vertraut mit Ihrem Zentralorgan und dürfen sich den Mund (ob verschleiert oder unverschleiert) zukünftig nicht mehr verbieten lassen. Nutzen und erleben Sie ihn doch mal ganz bewusst.

Sofern Sie das nicht schon während der vorangegangenen Kapiteln getan haben: schauen Sie doch noch mal in Ihrem Mund nach! Machen Sie eine Inspektion:

Sehen Sie sich die pilzförmigen Papillen mit dem kleinen roten Pünktchen auf Ihrem Zungenrücken an. Dort sitzen Ihre Geschmacksknospen. Sollte Ihre Zunge belegt sein, wissen Sie, was zu tun ist.

Winken Sie Ihrem Zäpfchen am Ende des weichen Gaumens, wenn Sie das nächste Mal vor dem Spiegel herzhaft gähnen. Vielleicht winkt es ja zurück.

Machen Sie etwas entspannende Zungen- oder Lippengymnastik. Gähnen Sie nach Herzenslust, wenn Ihnen danach ist. Ihre Seele geht dabei schon nicht flöten. Und ertasten Sie einmal langsam und bewusst die Laute, die Sie mit Zunge und Gaumen bilden können.

Kauen Sie mal wieder! Geben Sie Ihren Zähnen beim Essen etwas zu tun, »schauen« Sie Ihrem Mund beim Arbeiten zu. Sie wissen jetzt ja, wie er funktioniert. Und lassen Sie sich

Zeit. Ihr Gebiss kann viel vertragen und kümmert sich, ist aber sicher kein Reißwolf für jedes und alles!

Genießen Sie jeden Bissen und jeden kleinen Schluck. Lassen Sie die Speicheldrüsen sprudeln und entfalten Sie die enorme Vielfalt Ihrer Geschmacksknospen. Seien Sie achtsam. Denn Essen und Trinken ist überlebensnotwendig und schlicht zu schön, als dass wir es hastig oder nebensächlich hinter uns bringen. Gönnen Sie sich mal wieder etwas!

Und küssen Sie ruhig mal wieder.

Für ein

»Danke«

braucht es eigentlich nicht viel, wie wir jetzt wissen. Hier die Zutatenliste:

Man nehme ein alveolodentales Okklusiv »D«, bei dem die Zungenspitze mit der Gaumenschleimhaut und der dem Gaumen zugewandten Seite der Frontzähne kontaktiert. Ungefähr da, wo wir die Gaumenquerfalten bewundern konnten.

Und füge einen *ungerundeten offenen Vorderzungenvokal* »A« hinzu. Dieser wird bei offenem Mund gebildet und entsteht bei ungehinderter Atemluftströmung etwa dort, wo wir vorhin zusammen auf Pilz- und Fadenpapillen geschaut haben, nämlich dem Zungenrücken.

Der Konsonant »N« ist zwar ein sogenannter *alveolar gebildeter Nasal*, wird aber zusammen mit dem stimmlosen *velaren Plosiv* »K« zu einem »NK« zusammengefasst. So entsteht ein *velares Nasal*.

Von dort tropft noch ein kurzes *ungerundetes halbgeschlossenes unbetontes* »E« auf den Zungenrücken in Höhe der Wallpapillen – und fertig ist eines der wichtigsten Wörter der menschlichen Sprache.

Das »Danke« beginnt also vorne und endet hinten im Mund und stellt dann auch den Abschluss unserer Exkursion dar. Wie ich Sie mittlerweile kenne, haben Sie diese letzten Absätze ausprobiert und mitgesprochen. So einfach geht ein Danke!

Ich möchte all denen sehr gerne danken, ohne die »Vollmund« nur bestenfalls ein »Halbmund« geblieben wäre:

Allen voran meiner Freundin Joanna, ohne deren Begeisterung, Motivation und guten Rat ich wahrscheinlich nicht einmal angefangen hätte, ein Buch zu schreiben. Sie hat mir beim Lesen, Denken und Schreiben den Rücken frei gehalten, mich bekocht, versorgt und sich mit mir auf das Ergebnis gefreut. Ihr widme ich dieses Buch.

Meinen Praxis-Mitarbeiterinnen danke ich für die langjährige Begleitung auf vielen tausenden Mundhöhleneinsätzen – und für ihre Geduld, wenn die Patientenberatung mal wieder länger dauerte, weil ich »Vollmund«-Inhalte heimlichen Praxistests unterzogen habe.

Herrn Dr. Thomas Roethe bin ich zu großer Dankbarkeit verpflichtet für die kritische Durchsicht des Manuskripts – und für viele herrliche Gespräche über Literatur, die mich schlussendlich auch dazu gebracht haben, selber einmal ein Buch zu schreiben.

Nadja Stortz war als »Kreativtäterin« für die Höhlenmalereien zuständig. Ich danke ihr für die wunderbaren Einfälle und die fantastische grafische Umsetzung.

Herrn Prof. Dr. Jens C. Türp sei sehr herzlich gedankt, dieses Buch mit einem Vorwort aus berufenem Munde zu veredeln.

Frau Dr. Ulrike Bremer danke ich für die Unterstützung beim Verlag BoD, der dafür gesorgt hat, dass Sie, verehrte Leserinnen und Leser, Ihren »Vollmund« in Händen halten und lesen konnten. Und dafür danke ich Ihnen!

Quellenverzeichnis

Die wichtigsten Quellen für »Vollmund« habe ich in folgendem Verzeichnis gelistet. Gelegentliche Doppelnennungen resultieren aus der Zuordnung der Literaturbezüge zu den einzelnen Kapiteln.

Vorwort:

Balters W: Funktionsgerechtes Kauen als prophylaktische Maßnahme. Österr Z Stomatol 1964;61:289-291, hier: 290

Finke J: Zur psychischen Problematik des Zahnverlustes und Zahnersatzes (Die Inkorporation der Prothese in psychologischer Sicht). Dtsch Zahnärztl Z 1969;24:590-597, hier: 591

Glogau: Sind wir noch Zahnärzte? (Vortrag auf der 59. Versammlung des Zentral-Vereins Deutscher Zahnärzte, Leipzig, 23. September 1922). Dtsch Monatsschr Zahnheilkd 1923;41:140

Karrer M: Schönheit in der Zahnmedizin. Auf dem Grat zwischen Funktion, ästhetischer Selbstbestimmung und Narzissmus. Dtsch Zahnärztl Z 2005;60:71-77, hier: 72

Karrer M: Zähne: eine Kultur- und Kunstgeschichte. 1 Einführung / 2 Frühe Kunst: archaische Scheu vor Gesicht und Zähnen. Dtsch Zahnärztl Z 2008a;63:391-403, hier: 393

Karrer M: Zähne: eine Kultur- und Kunstgeschichte. 3 Alte Hochkulturen: der edel geschlossene Mund die Zähne niedriger Wesen. Dtsch Zahnärztl Z 2008b;63:604-613 , hier: S. 612

Ketterl W: Das Wunder »Zahn«. Zahnärztl Mitt 1984; 74:1978,1981-1982,1984,1986, hier: 1978, 1981

Moral H, Sponer G: Über Grenzfälle. II. Mitteilung. Dtsch Monatsschr Zahnheilkd 1924;42:185-206, 217-237, hier: 185

Pritz W, Stockinger: Über den Zahnschmerz. Österr Z Stomatol 1971;68:170-178, hier: 170

Einleitung:

Lutze K: Der Mundarzt hat Geschichte. Zahnärztliche Mitteilungen 2008;18

Miller WD: Die Mikroorganismen der Mundhöhle – Die örtlichen und allgemeinen Erkrankungen, welche durch dieselben hervorgerufen werden Nabu Press 2010

Schöfer H: Sexuell übertragbare Infektionen der Mundhöhle Parodontologie 2014;23(3):315-322

Wolf JH: Der Begriff »Organ« in der Medizin. Grundzüge der Geschichte seiner Entwicklung. Neue Münchner Beiträge zur Geschichte der Medizin und Naturwissenschaften, Medizinhistorische Reihe. Bd. 3, München 1971.

Kapitel 1:

Draelos ZD: Perceptions of Beauty Journal of Cosmetic Dermatology 2007;6:143

Haner J: The Wisdom of Your Face Hay House 2008

Igarashi H (Hrsg): Orofacial Muscle Training During the Provisional Restoration Therapy Quintessence Int.2017

Krüger M, Tränkmann J: Myofunktionelle Therapie Kieferorthopädie 2006;20(1):9-23

Radlanski RJ, Weker KH: Das Gesicht. Bildatlas klinische Anatomie 2. Aufl. Quintessenz Berlin 2012

Ribeiro A: Facing beauty: Painted Women and Cosmetic Art Yale University Press 2011

Stanley K et al.: Oberlippenlift: Dentale Schönheit sichtbar machen The International Journal of Esthetic Dentistry 2017;12(1): 112-119

Wächter D, Seuntjens W: Blushing in the dark: first experimental proof Annals of Improbable Research 2013;19:6-7

Waldeyer AJ et al.: Anatomie des Menschen 18. Aufl. Walter de Gruyter Berlin 2009

Kapitel 2:

Arvidson K: Location and variation in number of taste buds in human fungiform papillae. Dent Res. 1979;87:435-442

Beauchamp GK: Why do we like sweet taste: A bitter tale? Physiology & Behaviour 2016;164:432-437

Eilert D: Warum wir die Zunge rausstrecken deutschlandfunknova.de

Filipi A (Hrsg): Die Zunge Quintessenz Verlag 2016

Fremder U: Die Schlafapnoe – Medizinische Grundlagen Quintessenz 2009;60(12):1465-1468

Gerlach O: Praxis der chinesischen Zungendiagnostik Urban&Fischer München 2008

Gravina SA et al.: Human biology of taste. Ann Saudi Med 2013;33(3):217-222

Greuling H: Warum streckte Einstein auf dem berühmten Foto die Zunge heraus? planet-wissen.de

Hsu JC et al.: Unilateral nasal obstruction induces degeneration of fungiform and circumvallate papillae in rats Journal of the Formosan Medical Association 2018;117(3):220-226

Krüger M, Tränkmann J: Myofunktionelle Therapie Kieferorthopädie 2006;20(1):9-23

Lehmann RR: Ökologie der Mundhöhle. Grundlagen der Vorsorge. Georg Thieme Verlag Stuttgart, New York 1991

Meyerhöfer R: Die Zunge als Spiegel der Gesundheit Quintessenz Team-Journal 2017;47:187–190

Molineus S: Zungendiagnose für Zahnmediziner – Was sehe andere auf der Zunge? ZWR – Das Deutsche Zahnärzteblatt 2016;125(5):220-223

Narukawa M et al.: Participation oft he peripheral taste system in aging dependent changes in taste sensitivity Neuroscience 2017;358:249-260

Roper SD: Cell communication in taste buds. Cell Mol Life Sci 2006;63:1494-1500

Schroeder HE: Orale Strukturbiologie 4. Aufl.Georg Thieme Verlag Stuttgart, New York 1999

Shiffman SS: Effects of aging on the human taste system. Ann N Y Acad Sci 2009;1170:725-729

Shin YK et al.: Age-Related Changes in Mouse Taste Bud Morphology, Hormone Expression, and Taste Responsivity J Gerontol A Biol Sci Med Sci 2012;67(4):336-344

Waldeyer AJ et al.: Anatomie des Menschen 18. Aufl. Walter de Gruyter Berlin 2009

Zhang Y et al.: Coding of sweet, bitter, and umami tastes:different receptor cells sharing similar signaling pathways. Cell.2003;112:293-301

Kapitel 3:

Baenninger R: On Yawning and its functions Psychon Bull Rev 1997;4(2):198-207

DellaCasa G: Galateo Forgotten Books 2018

Deputte BL: Ethological Study of Yawning in Primates. I. Quantitative Analysis and Study of Causation in Two Species of Old World Monkeys (Cercocebus albigena and Macaca fascicularis) Ethology, 2010;98:221-245

Dumpert V: Zur Kenntnis des Wesens und der physiologischen Bedeutung des Gähnens J Psychol Neurol 1921;27:82-95

Gallup AC, Gallup GG: Yawning and thermoregulation Physiol Behav 2008;95:10-16

Guggisberg AG et al.: Why do we yawn? Neurosci Biobehav Rev 2010;34(8):1267-1276

Knigge Av: Über den Umgang mit Menschen Hrsg. Insel Verlag 2016

Pfeifer W et al.: Etymologisches Wörterbuch des Deutschen, digitalisierte und von Wolfgang Pfeifer überarbeitete Version im Digitalen Wörterbuch der deutschen Sprache 1993

Plinius Secundus: Naturalis Historia Hrsg. Artemis & Winkler 1995

Provine RR et al.: Yawning: no effect of 3-5% CO2, 100% O2, and exercise. Behav Neural Biol 1987;48:382-393

Radlanski RJ: Pränatale Gesichtsentwicklung Kieferorthopädie 2016;30(3):259-272

Seuntjens W: The Hidden Sexuality of the Human Yawn and the Future of Chasmology The Mystery of Yawning in Physiology and Disease Front Neurol Neurosci. Basel, Karger 2010;28:55-62

Tissot SAD: Von der Gesundheit der Gelehrten Forgotten Books 2018

Waldeyer AJ et al.: Anatomie des Menschen 18. Aufl. Walter de Gruyter Berlin 2009

Walusinski O, Deputte BL: The phylogeny, ethology and nosology of yawning Rev Neurol 2004;160(11):1011-1021

Yamamoto T: Hagakure. Der Weg des Samurai Hrsg. Kabel 2009

Kapitel 4:

Asa'ad F et al.: Saliva as a Future Field in Psoriasis Research BioMed Res Int 2018;Article ID 7290913

Affoo RH et al.: The effects of Tooth Brushing on Whole Salivary Flow Rate in Older Adults BioMed Res. Int. 2018;Article ID3904139

Buchalla W: Zusammensetzung und Funktion eines oft unterschätzten Helfers ZM 2013;8

Delporte C et al.: Aquaporis in Salivary Glands: From Basic Research to Clinical Applications. Int J Mol Sci 2016;17:166

Farah R. et al.: Salivary biomarkers for the diagnosis and monitoring of neurological diseases. Biomedical Journal 2018;41:63-87

Geurtsen W et al.: Multitalent Speichel Dental Magazin 2012;0(3):220-226

Hannig M, Hannig C: Der initiale orale Biofilm – pathogen oder protektiv? Oralprophylaxe und Kinderzahnheilkunde 2007;29;73-82

Holmberg KV, Hoffman MP: Anatomy, biogenesis, and regeneration of salivary glands Monogr Oral Sci 2014;24:1-13

Lee JM et al.: Salivary diagnostics Orthod Craniofac Res. 2009;12(3):206-211

Lehmann RR: Ökologie der Mundhöhle. Grundlagen der Vorsorge. Georg Thieme Verlag Stuttgart, New York 1991

Listgarten MA: The structure of dental plaque. Periodontol 2000;1994;5:52-65

Maheswar TN et al.: Salivary micro RNA as a potential biomarker in oral pottentioally malignant disorders: A systematic review. Tzu Chi Medical Journal 2018;30(2):55-60

Merlot J: Ärzte warnen vor Speicheltest auf Hormone Spiegel online 2013

Pavlov I: Conditioned Reflexes. An Investigation of the Physiological Activity of the Cerebral Cortex. Oxford University Press 1926

Schmidt H, diLorenzo G: Auf eine Zigarette mit Helmut Schmidt, 2. Aufl. Kiepenheuer & Witsch Köln 2016

Thaysen JH et al.: Excretion of sodium, potassium, chloride and carbon dioxide in human parotid saliva Am J Physiol 1954;178:155-159

Ventura TMdS et al.: Standardization of a protocol for shotgun proteopmic analysis of saliva J Appl Oral Sci 16/19 2018;26:e20170561

Kapitel 5:

Aas JA et al.: Defining the normal bacterial flora oft he oral cavitiy J Clin Microbiol 2005;43:5721-5732

Benn A et al.: Studying the human oral microbiome: Challenges and the evolution of solutions Australian Dent J 2017;63:10.1111

Chen T et al.: The Human Oral Microbiome Database: a web accessible resource for investigating oral microbe taxonomic and genomic information Database (Oxford) 2010;2010:baq013

Kahlert C, Müller P: Mikrobiom – die Entdeckung eines Organs. Schweiz Med Forum 2014;14(16-17):342-344

Lehmann RR: Ökologie der Mundhöhle. Grundlagen der Vorsorge. Georg Thieme Verlag Stuttgart, New York 1991

Marsh PD: Dental Plaque as a biofilm and a microbial community – implications for health and disease. BMC Oral Health 2006;6;Suppl1:S14

Mathijsen AJ et al.: Nutrient transport driven by microbial active carpets Phys Rev Lett 2018;121:248101

Meyer F, Enax J: Die Mundhöhle als Ökosystem Biol. Unserer Zeit 2018;48:62-68

Schlagenhauf U: Probiotika und die Rolle bakterieller Biofilme in der Ätiologie und Therapie parodontaler Erkrankungen Quintessenz 2015;66(4):399–410

Thomson WM et al.: The Xerostomia Inventory: a multi-item approach to measuring dry mouth. Community Dent. Health 1999;16(1):12–17

Tschachler E: Das Mikrobiom des Menschen. Hautnah. Mai 2013;12(2):2

Whittaker CJ et al.: Mechanisms of adhesion by oral bacteria. Ann Rev Microbiol 1996;50:513-552

Zijnge V et al.: Oral biofilm architecture on natural teeth PloS one 2010, e9321

Kapitel 6:

Alt KW et al.: Dental Anthropology. Fundamentals, Limits, and Prospects Springer Wien 1998

Alt KW et al.: Zähne und Kiefer – Schlüsselstrukturen zum Verständnis der Evolution Quintessenz 1996;47(12):1711

Alt KW, Türp JC: Die Evolution der Zähne. Phylogenie – Ontogenie – Variation. Quintessenz Berlin 2015

Berthaume MA et al.: Effects of cropping, smoothing, triangle count, and mesh resolution on 6 dental topographic metrics. PLoS ONE 2019;14(5):e0216229

Brace CL: Occlusion to the anthropological eye McNamara JA (hrsg.:) The Biology of Occlusal Development Ann Arbor MI: Center for Human Growth and Development, The University of Michigan 1978:179-209

Cuozzo FP, Sauther ML: What is dental ecology? Am J Phys Anthropol 2012;148:163-70

Gernhardt CR: Dentinhypersensibilität – Epidemiologie, Ätiologie und Therapie Quintessenz 2015;66(9):1071-1080

Gernhardt CR Michaelis M: Dentinhypersensibilität – Eine Übersicht über die Ursachen und die Therapie von Zahnhalsempfindlichkeiten Quintessenz 2012;63(11):1383-1392

Kanzow P et al.: Ätiologie und Pathogenese erosive Zahnhartsubstanzdefekte Quintessenz 2015;60(8):1013-1017

Kupczik K, Hublin JJ: Mandibular molar root morphology in Neanderthals and Late Pleistocene and recent Homo sapiens Journal of Human Evolution 2010;59(5):525-541

KZBV: Jahrbuch 2018. Statistische Basisdaten zur vertrags-zahnärztlichen Versorgung Köln 2019

Luca PW: Dental Functional Morphology: How Teeth Work. Cambridge: Cambridge University Press; 2004

Maio G: Die verlorene Kunst des Seinlassens. Eine Folge des industrialisierten Medizinbetriebs Dtsch Med Wochenschr 2015;140:1014-1018

Motsch A: Funktionsorientierte Einschleiftechnik für das na-türliche Gebiss Hanser 1978

Radlanski RJ: Pulpa und Dentin Kieferorthopädie 2017;31(3):265-273

Rateitschak KH (Hrsg): Kariesprophylaxe und konservierende Therapie Farbatlanten der Zahnmedizin Bd. 6 2. Aufl. Georg Thieme Verlag Stuttgart, New York 1994

Schroeder HE: Pathobiologie oraler Strukturen 2. Aufl. Karger, Basel, München 1991

Schroeder HE: Orale Strukturbiologie 4. Aufl. Georg Thieme Verlag Stuttgart, New York 1999

Kapitel 7:

Andra SS et al.: The tooth exposome in children's health re-search. Curr Opin Pediatr 2016;28(2):221-227

Andra SS et al.: Reconstructing pre-natal and early child-hood exposure to multi-class organic chemicals using teeth: Towards a retrospective temporal exposome. Environ Int 2015;83:137-145

Arora M, Austin C: Teeth as a biomarker of past chemical exposure Current Opinion in Pediatrics 2013;25:261-267

Arora M et al.: Spatial distribution of lead in human primary teeth as a biomarker of pre- and neonatal lead exposure Science of The Total Environment 2006;371:55-62

Arora M et al.: Fetal an postnatal metal dysregulation in autism. Nature Communications 2017;8;15493

Bekes K, Kleeberg L: The Problem of Molar-Incisor-Hypomineralisation. ARAB DENTAL 2012;25(2):4-8

Böhme H, Slominski B: Das Orale. Die Mundhöhle in Kulturgeschichte und Zahnmedizin. Wilhelm Fink 2013

Crombie F et al.: Therapie der Molaren-Inzisiven-Hypomineralisation (MIH) in einem schwierigen Umfeld Quintessenz 2011;62(12):1593-1599

Czerny C: Wieviel Zähne hat der Mensch? – Milchzähne, bleibende Zähne und Zahndurchbruch Quintessenz Team Journal 2004;34(7):401-406

Kühnisch J et al.: Therapie der Molaren-Inzisiven-Hypomineralisation. Quintessenz 2018;69(3):284-294

Götz, W: Wurzelresorption – die biologischen Grundlagen eines bedrohlichen Symptoms. Quintessenz 2003;54(7):725-734

Lin BC: The role of pulp in the root resorption of primary teeth without permanent tooth germs. Chinese 2011;46(3):157-161

Rateitschak KH (Hrsg): Kinderzahnmedizin Farbatlanten der Zahnmedizin Bd. 17. Georg Thieme Verlag Stuttgart, New York 2001

Runge S: Bedeutung von Milchzähnen – Sie haben auch ihre Berechtigung Quintessenz Team Journal 2014;44(2):85-88

Kapitel 8:

Barboza EP et al.: Supracrestal Gingival Tissue Measurements in Healthy Human Periodontium Int J Periodontics Restorative Dent 2008;28(1):55-61

Berkovitz BKB: Development of the periodontium Dental Anatomy and Embryology. Osorn JW (Hrsg.) Blackwell: Oxford 1981:283ff

Jäger A, Radlanski RJ: Altersabhängigkeit orthodontisch ausgelöster Umbauvorgänge im PArodontium Dtsch Zahnärztl Z 1989;44:133-135

Lenz P: Zur Gefäßstruktur des Parodontiums: Untersuchungen an Korrosionspräparaten von Affenkiefern. Dtsch Zahnärztl Z 1968;23:357

Nanci A: Ten Cate's Oral Histology. Development, Structure, and Function. 8.Aufl. Elsevier, Amsterdam 2013

Radlanski RJ: Orale Struktur- und Entwicklungsbiologie Quintessenz Berlin 2011:1-600

Radlanski RJ: Parodont und Alveolarknochen Kieferorthopädie 2018;32(2):145-153

Rateitschak KH (Hrsg): Parodontologie Farbatlanten der Zahnmedizin Bd.1 2. Aufl. Georg Thieme Verlag Stuttgart, New York 1989

Schroeder HE: Pathobiologie oraler Strukturen 2. Aufl. Karger, Basel, München 1991

Schroeder HE: Orale Strukturbiologie 4. Aufl.Georg Thieme Verlag Stuttgart, New York 1999

Selvig KA: The fine structure of human cementum. Acta Odontol Scand 1965;23:423-441

Waldeyer AJ et al.: Anatomie des Menschen 18. Aufl. Walter de Gruyter Berlin 2009

Kapitel 9:

Abdelaziz M, Krejci I: DIAGNOcam – a Near Infrared Digital Imaging Transillumination (NIDIT) technology In J Esthet Dent 2015;10(1):158-165

Attin T, Hornecker E: Tooth brushing and oral health: how frequently and when should tooth brushing be performed? Oral Health Prev Dent 2005;3:135-140

Jordan AR, Micheelis W: Fünfte Deutsche Mundgesundheitsstudie (DMS V) Deutscher Zahnärzteverlag, Köln, 2016

Almalki T et al.: Keine Korrelation zwischen Sexualhormonen und Gingivitis bei Kindern und Jugendlichen im Alter von 10 bis 18 Jahren Oralprophylaxe und Kinderzahnheilkunde 2019;41(1):38-45

Berchier CE et al.: The efficacy of dental floss in addition to a toothbrush on plaque and parameters of gingival inflammation: a systematic review. Int J Dent Hygiene 2008;6:265-279

Cimasoni G: Crevicular fluid updated. Monographs in Oral Science 1983;Vol.12 2.Aufl. Karger Basel

Cimasoni G: Effect of Crevicular Fluid and Lysosomal Enzymes on the Adherence of Streptococci and Bacteroides to Hydroxyapatite Infection and Immunity 1987;6;1484-1489

Einwag J: Prophylaxe 2.0 – Fit und auf dem neuesten Stand für 2020. Prophylaxe Journal 2017;4:16-18

Ganß C, Schlüter N: Zähneputzen – Mythen und Wahrheiten. Quintessenz 2016;67(9):1061-1067

Gülzow HJ et al.: Empfehlungen zur Kariesprophylaxe mit Fluoriden Wissenschaftliche Stellungnahme der DGZMK 2002 DZZ 55(00)

Haak R et al.: Röntgenologische Kariesdiagnostik und Therapieentscheidung. Quintessenz 2007;58(9):927-937

Heinrich-Weltzien R et al.: Clinically Undetected Occlusal Dentine Caries in 15-Year-Old German Adolescents. In Int Poster J Dent Oral Med 2002;4(1):Poster113

Heinrich-Weltzien R et al.: Versteckte Karies unter Fissurenversiegelungen – ein klinisches Problem? Quintessenz 2001;52(1)

Hellwig E et al.: Fluorides – Mechanisms of Action and Recommendations for their use. ARAB DENTAL 2016;29(3):34-39

Hickel R, Kühnisch J: Fissuren- und Grübchenversiegelung. Wissenschaftliche Stellungnahme der DGZMK 2007 DZZ 62(03)

Kühnisch J et al.: Strukturstörungen des Zahnschmelzes und des Dentins. In Quintessenz 2011;62(1,2):7-17 u. 171-186

Lehmann RR: Ökologie der Mundhöhle. Grundlagen der Vorsorge. Georg Thieme Verlag Stuttgart, New York 1991

Liebenberg WH: Erweiterte Fissurenversiegelung als Hilfsmaßnahme zur Vorbeugung von Demineralisation unter kieferorthopädischen Bändern. Quintessenz 1994;45(5):683

Manarte-Monteiro P et al.: Use of ICDAS-II, Visual, Radiography, Activity Assessments in Dental Caries Treatment Decision. In Poster J Dent Oral Med 2014;16:OMD/PDA Supp., Poster 841

Moore D et al.: The costs and benefits of water fluoridation in NZ BMC Oral Health 2017;17:134

Oehme T et al.: Verfärbte Fissur = Pigmentation = Schmelzkaries = Dentinkaries? Quintessenz 2001;52(6)

Radlanski RJ: Zahnschmelz Kieferorthopädie 2017;31(2):163-173

Rateitschak KH (Hrsg): Parodontologie Farbatlanten der Zahnmedizin Bd.1 2. Aufl. Georg Thieme Verlag Stuttgart, New York 1989

Sambunjak D et al.: Flossing for the management of periodontal diseases and dental caries in adults (review) The Cochrande Library 2011, Issue 12

Schroeder HE: Orale Strukturbiologie 4. Aufl. Georg Thieme Verlag Stuttgart, New York 1999

Staehle HJ: Das aktive Mundgesundheitsverhalten in Deutschland und in der Schweiz. Schweiz Monatschr Zahnmed 2004;114:1236-1251

Türp JC: Fluor, Fluoride und Fluoridgegner Quintessenz 1993;44(3):357

Wicht MJ et al.: Fissurenkaries muss nicht sein! Ein Behandlungskonzept zur Identifizierung kariesgefährdeter Okklusalflächen und Prävention klinischer Symptome. Quintessenz Team Journal 2007;37(1):7-15

Wittemeier A, Paris S: Hydroxylapatit – eine Alternative zu Fluoriden? Quintessenz Team Journal 2018;48(4):197-203

Zimmer, S et al.: Recommendations for the Use of Fluoride in Caries Prevention. Oral Health Prev Dent 2003;1(1):45-51

Kapitel 10:

Böhme H, Slominski B: Das Orale. Die Mundhöhle in Kulturgeschichte und Zahnmedizin. Wilhelm Fink 2013

Böhme H et al. (Hrsg.): Das Dentale. Faszination des oralen Systems in Wissenschaft und Kultur. Quintessenz Berlin 2015

Harari YN: Eine kurze Geschichte der Menschheit. Deutsche Verlags-Anstalt München 2013

Paul KH: Mit der Stimme Stimmung machen – Über den Zusammenhang von Sprache, Feinmotorik und Humor Quintessenz Team Journal 2002;32(11):605-608

Ude G: Sprache und Zähne Quintessenz Zahntech 2011;37(11):1438-1450

Wendler J et al.: Lehrbuch der Phoniatrie und Pädaudiologie
3. Aufl., Georg Thieme Verlag Stuttgart, New York 1996

Kapitel 11:

Böhme H, Slominski B: Das Orale. Die Mundhöhle in Kulturgeschichte und Zahnmedizin. Wilhelm Fink 2013

Grafiken Nadja Storz

Nadja Stortz, Jahrgang 1988, ist seit 2014 selbstständige Grafikerin und Illustratorin. Wenn sie nicht gerade zeichnet, übt sie sich gerne im historischen Schwertkampf. Sie lebt und arbeitet in Stuttgart.